AK
Alternative Knowledge

AK는 지금까지 주류 과학의 이론과 체계 내에서 인정받지 못하고 있던 다양한 대안적 목소리를 찾아 소개하고, 그 안에서 좀 더 행복하고 슬기로운 새로운 문화와 문명의 가능성을 찾고자 하는 대안지식(Alternative Knowledge)을 모색하는 사람들이 모여 만드는 출판 브랜드입니다. AK는 앞으로 다가오는 새로운 인류 역사의 도전에 슬기롭게 대처하는 방법이 대안지식 속에 있다고 믿고 있으며, 그런 지식을 독자와 나누려고 합니다.

무모한 도전
거대한 **파국**

BEYOND CIVILIZATION
Copyright ⓒ 1999 by Daniel Quinn
This translation published by arrangement with Crown Publishers,
a division of Random House, Inc. All rights reserved.
Korean translation copyright ⓒ 2009 by eMorning Books Pub.
Korean translation rights arranged with Crown Publishers,
a division of Random House, Inc. through EYA(Eric Yang Agency)

이 책의 한국어판 저작권은 EYA(Eric Yang Agency)를 통한
The Crown Publishing Group사와의 독점계약으로
한국어 판권을 '도서출판 이른아침'이 소유합니다.
저작권법에 의하여 한국 내에서 보호를 받는 저작물이므로 무단전재와 복제를 금합니다.

무모한 도전
거대한 파국

다니엘 퀸 Daniel Quinn 지음 | 전미영 옮김

AK
Alternative Knowledge

사회 문제의 해결책들을
일부러 창조적 불길 속에 던져 넣으면
무슨 일이 벌어질까?

—존 브릭스John Briggs와 F. 데이비드 피트F. David Peat

레니에게,

그리고 햅 비어캠프Hap Veerkamp와 C. J. 하퍼C. J. Harper에게,
또한 1998년 휴스턴 세미나 참석자들에게 특별한 고마움을 전한다.
그들은 이 책을 쓰는 데 결정적인 역할을 해주었다.
또한 스콧 밸런타인Scott Valentine과 세라 월시Sara Walsh에게 감사한다.
그들이 있었기에 작업을 계속할 수 있었고, 제정신을 유지할 수 있었다.

노숙자들과 젊은 세대는

이 책에서 제시한 사회경제적 영역에 가장 빠르게 접근하고 있다.
대다수 노숙자들은 비자발적으로 그곳으로 떠밀리고 있으며
젊은 세대는 스스로 알지 못한 채 그곳을 갈망하고 있다.
세계가 황폐화되고 있는 지금,
간신히 먹고사는 것 이상의 기회를 삶에서 원하는 모든 사람들이 그렇다.
그들에게, 그리고 그들이 가진 희망에 이 책을 바친다.

역자 서문

독자 여러분께 한 가지 부탁이 있습니다. 이 책 《무모한 도전 거대한 파국》에 나오는 '부족tribe'과 '부족주의tribalism'라는 말에 대한 선입견을 우선 지워달라는 것입니다. 저의 부탁이 책 내용을 이해하고 공감하는 데 큰 도움이 되리라고 생각합니다.

이 책을 옮기면서 제가 가장 고심한 부분도 이것이었습니다. 부족이라는 말을 들으면 곧바로 〈최후의 원시 부족〉과 같은 다큐멘터리가 눈앞에 떠올라 버립니다. 반 벌거숭이로 뛰어다니고, 괴상한 소리를 지르면서 사냥하는 부족의 이미지는 인류가 이미 지나온 단계, 더 원시적인 단계로 여겨질 뿐입니다.

그런데도 왜 저자 다니엘 퀸은 굳이 부족주의를(앞에 '새로운'이라는 말을 붙이긴 했지만) 우리 문명의 대안으로 내세운 것일까요? AK Alternative Knowledge, 대안지식를 브랜드로 내세운 입장에서도 이것이 가장 고민이었습니다. 주류 과학의 이론 체계 속에서 인정받지 못했던 관점이 대안지식이 되기 위해서는 주류 이상의 논리와 철학을 갖추고 있어야 하니까요. 과연 부족주의가 우리의 대안일까요? 이 책을 찬찬히 읽어보면 답을 얻을 수 있습니다.

제가 드리는 힌트는 두 가지입니다. 하나는 이미 말씀드린 대로, 눈앞에 떠오른 원시 부족의 이미지를 떨쳐버리자는 것입니다. 다니엘 퀸이 말하는 부족주의, 특히 새로운 부족주의는 '밥벌이 공동체'로 바꿔 읽으면 됩니다.

그런데 저자는 왜 굳이 부족이라는 말을 썼을까요? 여기에 두 번째 힌트가 있습니다. 저자는 문명을 하나의 새로운 실험으로, 그리고 실패한 실험으로 보고 있습니다. 부족(밥벌이 공동체)은 인류가 300, 400만 년 동안 몸으로 겪어온 사회 조직 가운데 가장 문제없는 방식임이 입증된 실험임을 강조하기 위해 원시성 혹은 야만성과 혼동될 위험을 무릅쓴 것이라고 생각합니다.

선입견에 발목을 잡히지만 않는다면, 저자가 제시하는 다양한 사례와 의견을 통해 다른 관점에서 생각할 기회를 가질 수 있습니다. 어떤 주제든 지금까지와는 다른 관점에서 바라본다는 것은 어렵기도 하지만 즐거운 일이기도 합니다. 그럴 수 있도록 설득해 주는 책을 만나기란 쉽지 않은 행운입니다. 《무모한 도전 거대한 파국》을 읽는 독자들이, 저와 마찬가지로 새로운 관점을 얻는 즐거움을 느낄 수 있기를 바랍니다.

2009년 5월
옮긴이 전미영

차례

역자 서문 _ 06

제1부 문제에 다가가기 _ 09

제2부 과정에 다가가기 _ 55

제3부 피라미드에서 떠나기 _ 103

제4부 새로운 부족주의를 향해 _ 173

제5부 까마귀 부족 _ 219

제6부 새로운 부족 혁명 _ 251

제7부 문명을 넘어서 _ 327

참고 문헌 _ 355

제1부
문제에 다가가기

나는 이 이야기를 할아버지에게서 들었다. 할아버지는 자신의 할아버지에게서, 그 할아버지는 또 할아버지에게서 들었다. 그렇게 몇백 년 동안 이야기는 이어져 내려왔다. 그만큼 오래된 이야기다. 하지만 앞으로도 사라지지 않을 것이다. 나는 내 아이들에게 이 이야기를 전할 것이며, 그들은 또 자기 아이들에게 이야기를 들려줄 테니까.

—《집시의 설화 Gypsy Folk Tales》

시작하는 우화

옛날 옛적 어느 행성에서 생명이 진화하는 와중에 이런저런 패거리, 곧 사회 조직들이 생겨났다. 그중에서 유난히 영리한 종족 하나가 '부족'이라고 하는 독특한 사회 조직을 발전시켰다. 부족주의는 수백만 년 동안 잘 굴러갔지만, 어떤 시점이 되자 이 종족은 새로운 사회 조직을 실험해 보기로 했다. 그것은 '문명'이라고 불렸으며 부족주의보다 위계적 성격이 강했다. 얼마 지나지 않아 계층제의 꼭대기에 올라선 사람들은 가장 멋진 것들을 손에 넣고, 사치를 누리고 여유를 즐기면서 살게 되었다. 그 바로 아래 계단에 놓인 사람들도 잘 먹고 잘 살았다. 그러니 별로 불평할 일이 없었다. 하지만 지배 구조의 밑바닥에 있는 대중은 그런 구조를 좋아하지 않았다. 그들은 마소처럼 일하고 가축과 같은 삶을 살면서 생존을 위해 몸부림쳐야 했다.

그래서 대중은 말했다. "문명은 제대로 돌아가지 않아. 부족적인 삶의 방식이 더 나았어. 우리는 그런 방식으로 돌아가야 해." 하지만 계층제의 꼭대기에 있는 지배자는 대중에게 "그런 원시적인 삶은 옛날 일이야. 우리는 그때로 돌아갈 순 없어"라고 답했다.

그러자 대중은 "돌아갈 수 없다고? 그럼 앞으로 더 나아가보는 건 어때? 뭔가 다른 어떤 것을 향해서 말이야" 하고 제안했다.

"그럴 순 없지." 지배자는 이렇게 말했다. "다른 어떤 것이란 있을 수가 없거든. 문명을 넘어서 존재하는 건 아무것도 없어. 문명은 궁극적인 최상의 발명품이야."

"어떤 발명품도 영원히 최상의 것일 수는 없어. 증기 엔진은 가스 엔진에 밀렸어. 라디오는 텔레비전에, 계산기는 컴퓨터에 자리를 내주었다고. 문명이라고 뭐가 다르지?" 하고 대중은 되물었다.

"문명이 왜 다른지는 몰라." 지배자는 단지 이렇게 답했다. "하여튼 그냥 달라."

하지만 대중은 그 말을 믿지 않았다. 나 또한 믿지 않는다.

제1부 문제에 다가가기

변화의 매뉴얼

이 책의 첫 번째 착안점은 원래 구상했던 제목에 그대로 반영되어 있다. 처음 생각했던 제목은 《변화의 매뉴얼*The Manuel of Change*》이었다. 변화야말로 우리 시대의 사람들이 가장 원하는 것이기 때문이다. 우리는 자기 자신과 세계가 변하기를 절실히 원한다. 이유는 쉽게 찾을 수 있다. 무언가 잘못되고 있다는 것을, 우리 자신과 세계가 잘못되고 있다는 것을 알고 있기 때문이다.

《이스마엘*Ishmael*》을 비롯해 내가 썼던 다른 책에서, 나는 무엇이 잘못되고 있는지를 이해하는 새로운 방식을 제시했다. 당시 나는 그것으로 충분하리라는 다소 안이한 생각을 했다. 사실 대부분의 경우에는 그걸로 충분하다. 무언가 잘못되었다는 것을 일단 알게 되면(자동차나 컴퓨터, 냉장고, 텔레비전이 고장 났다면) 나머지는 비교적 간단하기 때문이다. 나는 이 문제도 마찬가지라고 여겼지만 그렇지 않았다. 사람들은 내게 직접 말하거나 편지를 써서 거듭 물었다. 나는 이런 질문을 수천 번이나, 문자 그대로 수천 번이나 받았다.

"당신이 말하려 하는 건 잘 알겠습니다. 당신은 세계를 보는 내 관점과, 세계 속에서 차지하는 내 자리를 돌아보도록 만들었어요. 그렇다면 변화를 위해 우리는 무엇을 해야 하는 거죠?"

그런 물음에 대해 "그건 너무나 명확하지 않습니까?"라고 답했는지도 모르겠다. 하지만 실은 명확하지 않다. 명확한 것과는 거리가 멀어도 한참 멀다.

이 책을 통해 나는 답을 명확하게 제시하고 싶다.

인류의 미래가 걸려 있는 문제이기 때문이다.

'우리 문화권'의 사람들은 누구인가?

'우리' 문화권에 속하는 사람들을 식별하는 건 어렵지 않다. 세계 어디든 식량에 자물쇠가 채워져 있는 곳이 있다면, 그곳은 우리 문화권이다. 그다지 중요하지 않은 겉모습에 많은 차이가 있을지 모른다. 옷차림이나 결혼 풍습, 고유 명절 등은 다르다. 그러나 가장 근본적인 문제, 곧 생존에 필요한 식량 문제에 관해서는 모두 똑같다. 우리 문화권에서는 식량을 누군가가 소유하고 있으며, 식량이 필요한 사람은 소유자에게 사야만 한다. 그것이 이 문화권의 방식이다. 우리 문화권에 속한 사람들은 다른 방식을 알지 못한다.

식량을 소유물인 상품으로 만든 것은 우리 문화에서 일어난 가장 큰 혁신 중 하나다. 인류 역사상 다른 어떤 문화에서도 식량에 자물쇠를 채워 관리한 일이 없었다. 그리고 그것은 우리 경제 제도의 토대가 되기도 했다. 식량에 자물쇠가 채워져 있지 않다면 누가 애써 노동하려 하겠는가?

"세계를 구하자"는 말의 의미는?

세계를 구하자는 이야기를 할 때, 우리가 말하는 세계는 과연 어떤 세계일까? 지구 자체를 말하는 것은 분명 아니다. 생물학적인 의미에서 말하는 세계도 아니다. 수천 종의 생물들이(아마도 수백만 종의 생물들이) 위험에 처해 있긴 하지만, 생물 세계 자체가 위험한 상태는 아니다. 우리가 가장 파괴적인 최악의 행동을 한다고 해도 지구라는 행성을 생명이 살지 않는 곳으로 만들 수는 없다. 현재 하루에 200종의 생물들이 인간들 탓에 멸종되고 있다고 추산된다. 우리가 지금과 같은 속도로 우리 이웃들을 죽여나간다면 멸종되는 200종 안에 우리 자신이 포함될 날이 올 것이다.

세계를 구하자는 말은 세계를 지금 그대로 보존하자는 뜻도 아니다. 솔깃하게 들리지만 불가능한 일이다. 당장 내일 인류 전체가 사라진다 해도 세계는 오늘과 똑같은 상태로 보존되지 않는다. 어떤 상황에서도 우리는 이 행성 위에서 벌어지는 변화를 멈출 수 없다.

세계를 구하자는 말이 생물 세계를 구하거나 세계를 지금 그대로 유지하자는 의미가 아니라면, 도대체 무슨 뜻일까? 세계를 구하자는 말은 단 한 가지 뜻만 가질 수 있다. '인류의 거주지'인 세계를 구하자는 뜻이다. 이 목표를 이룬다는 것은 많은 다른 생물들의 서식지를 구한다는 뜻도 되리라.(반드시 그래야만 한다.) 생활 공동체에 대한 파멸적인 공격을 멈추는 것이 인류의 거주지인 세계를 구하는 유일한 방법이다. 우리의 삶 그 자체가 공동체에 의존하고 있기 때문이다.

새로운 프로그램을 취한 낡은 마음가짐

《이스마엘》에서 시작해 《나의 이스마엘 My Ishmael》로 끝나는 3부작 중 두 번째 작품인 소설 《B 이야기 The Story of B》에서 나는 "세계를 구하는 이들은 새로운 프로그램을 채택한 낡은 마음가짐의 소유자들이 아니라, 아무 프로그램도 없이 새로운 마음가짐을 가진 사람들이다"라고 썼다. 말 자체는 쉽지만 거기에 담긴 생각은 잘 파악되지 않을 수도 있기에 조금 다르게 표현해 보려 한다. 우리가 지금까지 해왔던 대로 살아간다면 인류는 그다지 오래 존속할 수 없다. 아마도 몇십 년이 고작이고 길어야 한 세기 정도 버틸 것이다. 만약 인류가 앞으로 수천 년 동안 존속한다면, 지금까지 해왔던 방식을 중지했기 때문일 것이다.

어떻게 해야 그것이 가능할까? 어떻게 해야 지금까지 해온 방식을 멈출 수 있을까?

낡은 마음가짐을 가진 사람들이 우리를 멈추게 하는 방식을 생각해 보자. 그들은 가난을 몰아내려 했을 때, 약물 남용을 근절하려

했을 때, 범죄와 전쟁을 벌였을 때 사용했던 그런 방식을 생각할 것이다. 프로그램이란 강물의 흐름을 조절하기 위해 강바닥에 꽂아둔 막대기에 불과하다. 막대기는 강물의 흐름을 얼마간 조절한다. 아주 조금은 말이다. 하지만 막대기로는 흐름을 멈출 수 없으며 흐름의 방향을 바꿀 수도 없다.

세계를 구할 수 있다고 해도, 낡은 마음가짐을 가진 사람들이 새로운 프로그램을 도입하는 것으로는 절대 불가능하다고 내가 확신을 갖고 예상하는 이유가 이것이다. 어떤 일을 멈추기 위해 도입한 프로그램으로는 그 일을 멈출 수 없다. 어떤 프로그램도 가난을 몰아내지 못했으며 약물 남용과 범죄를 뿌리 뽑지 못했다. 앞으로 다른 어떤 프로그램이 나온다 해도 결코 그것을 멈추지 못할 것이다.

프로그램으로는 우리가 세계를 파괴하는 것을 막을 수 없다.

프로그램이 없는 새로운 마음가짐

세계를 구할 수 있는 이들은 새로운 프로그램을 도입한 낡은 마음가짐의 소유자들이 아니라 아무 프로그램도 없는 새로운 마음가짐을 가진 사람들이다.

왜 새로운 '프로그램'을 취한, 새로운 마음가짐을 가진 사람들이 아닐까? 프로그램에 따라 일하는 사람들 속에서는 새로운 마음가짐을 찾을 수 없기 때문이다. 프로그램과 기존의 마음가짐은 무선 안테나와 자동차처럼 짝을 이루어 함께 움직인다.

앞에서 내가 말했던 강물은 비전vision의 강물이다. 우리 문화에 있는 비전의 강물은 우리를 대재앙으로 이끌고 있다. 강바닥에 꽂아둔 막대기들이 그 흐름을 어느 정도 방해할 수는 있지만, 우리에게 필요한 것은 그저 흐름을 방해하는 것이 아니라 완전히 새로운 방향으로 물길을 트는 것이다. 비전의 강물 자체가 재앙이 아닌 다른 곳, 지속 가능한 미래로 우리를 데려간다면 프로그램들은 필요하지 않다. 강물이 바라는 방향으로 흘러간다면 굳이 흐름을 방해할 막대기를 꽂을 이유가 없다.

낡은 마음가짐을 가진 사람들의 생각 :

어떻게 하면 이런 나쁜 일들이 일어나는 것을 막을 수 있을까?

새로운 마음가짐을 가진 사람들의 생각 :

어떻게 하면 우리가 바라는 방향으로 일이 되어가게 할 수 있을까?

아무 프로그램도 없이?

프로그램이 있으면 '실패'하는 동안에도 바쁜 척, 목적이 있는 척할 수 있다. 프로그램들이 원래 의도했던 대로 돌아간다면 우리 사회는 천국이 될 것이다. 우리의 정부가, 학교가, 법 집행 제도가, 사법 체계가 모두 제 기능을 한다면 천국이 달리 있겠는가.

프로그램이 실패하면(언제나 실패한다) 불충분한 기획, 자금과 인력 부족, 운영 부실, 부적당한 훈련 탓으로 돌린다. 그러고는 좀더 충실한 기획, 더 많은 자금 및 인력, 제대로 된 운영, 충분한 훈련을 갖춘 새로운 프로그램으로 대체하려 한다. 이 새로운 프로그램이 또 실패하면(언제나 실패한다) 불충분한 기획, 자금과 인력 부족, 운영 부실, 부적당한 훈련을 다시 문제 삼는다.

이것이 바로 우리가 실패에 더 많은 것을 투자하게 되는 이유다. 대부분의 사람들은 이를 당연하게 받아들인다. 항상 그랬다는 사실을 알고 있기 때문이다. 더 많은 예산, 더 많은 법률, 더 많은 경찰

제1부 문제에 다가가기

과 감옥 등등, 작년 혹은 재작년에 제대로 되지 않았던 것들을 위해 올해에는 모든 것이 더 많이 필요해진다.

낡은 마음가짐을 가진 사람들의 생각 :

지난해에 제대로 되지 않았으니까 올해는 더 많은 것을 쏟아 붓자.

새로운 마음가짐을 가진 사람들의 생각 :

지난해에 제대로 되지 않았으니까 올해는 뭔가 다른 것을 해보자.

프로그램이 아니라면 무엇을?

사막 한가운데에서 돌과 나무판자와 낡고 바람 빠진 타이어로 만든 기묘한 장치에 앉아 있는 사람이 있다. 그는 진짜 자동차를 운전하고 있는 것처럼 바쁘게 핸들을 돌리고 있다.

그에게 무엇을 하고 있는지 물어보자 "운전해서 집으로 가는 중"이라고 대답했다.

"이런 것으로는 집에 갈 수가 없습니다"라고 말하자 그는 "이걸로 안 된다면, 그럼 무얼 해야 하는 거지요?"라고 답했다.

우리는 모두 이 사람과 마찬가지다. 엄청나게 복잡한 프로그램 무더기에 쭈그리고 앉아 미래로 향한 핸들을 돌리고 있다. 폐품 더미가 그를 집으로 데려다주지 못하는 것처럼, 프로그램들은 우리를 한 발짝도 앞으로 나아가게 하지 못한다. 하지만 프로그램이 제대로 돌아가지 않는다는 것, 실제로 한 번도 제 기능을 한 적이 없다는 것을 깨닫고 난 뒤에도 "프로그램이 아니라면, 그럼 뭐가 있을까요?" 하고 묻는다.

나는 이 질문을 "프로그램이 작동하지 않는다면, 제대로 작동하는 것은 무엇일까요?"라고 바꿔보려 한다. 더 명확하게 하자면 이렇다.

"프로그램들이 불필요해질 정도로 잘 돌아갈 수 있는 건 무엇일까요? 제대로 작동하게 하기 위해 프로그램 따위를 만들 필요가 없을 정도로 잘 돌아가는 것은 무엇일까요?"

이 모든 질문에 대한 답은 '비전vision'이다.

성공적인 것은 눈에 보이지 않는다

모든 일이 잘 돌아가고 있다면 그 일들을 움직이는 힘은 눈에 보이지 않는다. 우주 자체가 가장 좋은 예다. 오늘날 우리에게는 진부하게 느껴질 만큼 명확하지만, 운동과 중력의 법칙을 처음으로 인식하기 위해서는 비범한 천재가 필요했다. 뉴턴Newton의 천재성은 너무도 명확해서 눈에 보이지 않는 것을 파악하는 능력을 보여주었다. 성공적으로 작동하고 있기에 우리의 눈에 보이지 않고 숨겨져 있던 원리가 과학의 진보 덕분으로 하나씩 드러나고 있다.

무용수의 첫 번째 원칙은 '땀 흘린다는 것을 남들이 알지 못하게 하라'는 것이다. 이를 우주의 법칙에 적용하자면 '남들이 전혀 보지 못하게 하라. 추론에 의해서만 우주의 존재를 파악하도록 하라'가 될 것이다. 실제로 우주의 법칙은 결코 직접 관찰할 수 없으며 추론 이외의 방법으로는 발견할 수 없다.

생활 공동체를 움직이는 힘 또한 성공적으로 잘 작동하고 있으므로 눈에 보이지 않는다. 동화와 같은 아름다움과 단순함을 지니고 있는 이 사회생태학의 기본 법칙은 한 세기 전쯤에야 겨우 존재가 의식되기 시작했다.

부족주의의 성공 또한 보이지 않는다

사람들은 사자 무리가 질서를 유지한 채 잘 굴러가는 데 곧잘 매혹당하고 그 비밀을 알려고 애쓴다. 개코원숭이 집단이나 거위 떼가 나름대로 운영되는 것에도 관심을 가진다. 하지만 인간 집단의 부족이 굴러가는 원리를 배우는 데는 저항감을 느낀다. 인류의 부족들은 농업혁명이 시작되기 이전 300만 년 동안이나 이 지구 위에서 성공적으로 살아왔다. 오늘날에도 외부의 간섭만 없다면 부족들은 문제없이 잘 살아간다. 하지만 우리 문화권의 사람들은 그것을 인정하려 들지 않는다. 오히려 앞을 다퉈 그 사실을 부인하려 한다. 누군가 나서서 코끼리 무리나 벌 떼가 기능적으로 잘 돌아가고 있다고 설명할 때는 아무 문제가 없다. 하지만 인간 부족이 잘 살고 있다고 설명하려 들면 부족을 '이상화'시킨다는 비난이 쏟아진다. 그러나 동물행동학이나 진화생물학의 관점에서 보자면, 부족 사회에서 인류가 성공적으로 잘 살았다는 것은 들소 무리나 고래 떼의 성공과 전혀 다를 바 없으므로 이상화하는 것이 아니다.

  우리 문화에서는 실패의 원인을 인간의 '태생적인' 결점에서 찾는다. 인간은 본래 탐욕스럽고 이기적이며 근시안적이고 폭력적이라는 것이다. 그런 결점을 가진 인간이라는 존재는 무엇을 하든 실패할 수밖에 없다. 그런 설명을 더욱 그럴듯하게 만들기 위해 사람들은 부족주의를 실패로 규정하려 한다. 이 때문에 우리 문화의 신화를 유지하려 드는 사람들에게는 부족주의의 성공과 관련된 모든 이야기가 위협으로 느껴지는 것이다.

  부족주의의 성공을 눈에 드러나 보이게끔 하는 작업은 예전에 쓴 책에서 이미 했으니까 여기서 다시 되풀이하지는 않겠다.

뚜렷한 성공, 보이지 않는 원천

우리의 문화는 전 세계를 장악했다는 점에서 뚜렷하게 성공을 거두었다. 우리 역사의 대부분은 이 성공을 필연으로, 인류의 숙명으로 여긴다. 사람들은 중력의 존재와 마찬가지로 이를 당연하게 받아들인다. 유럽인들은 신대륙을 '발견'했을 때 그곳을 정복하는 것을 신성한 의무라고 생각했다. 이미 그곳에 살던 사람들이 있었지만, 나무나 바위 혹은 야생 동물과 마찬가지라고 여겼을 뿐이다. 우리와는 달리, 그들이 거기 있을 이유가 아무것도 없다고 생각했다. 신대륙을 차지하는 것은 (신의 계획으로 간주된) 더 큰 계획, 곧 우리가 세계 전체를 지배하는 계획의 일부였다.

우리가 북반구를 (그리고 세계 전체를) 정복하는 일이 가능했던 것은 우리 자신에게는 조금도 놀라운 일이 아니었다. 그렇게 되도록 예정되어 있었고 너무나 당연히 실현되었다. 구름이 비를 쏟는 것과 마찬가지였다.

뉴턴 이전에는 받침대 없는 물체가 왜 땅으로 떨어지는지 궁금해하는 사람도 없었다. 그들은 단순하게 생각했을 따름이다. 그럼, 땅에 떨어지지 않고 뭐가 어떻게 되겠는가? 물체는 당연히 땅으로 떨어져야 했다. 그것으로 끝이었다. 역사가들은 우리 문화의 성공에 대해 생각할 때 바로 이런 관점을 지니고 있다. 왜 우리는 전 세계를 손에 넣으려 했던가? 역사가들은 전혀 궁금해하지 않는다. 그들은 단순하게 생각할 뿐이다. 그럼, 세계 정복 말고 우리가 달리 무엇을 할 수 있었단 말인가? 우리는 세계를 정복해야만 했다. 그것으로 그만이다.

비전은 중력과 같다

비전과 문화의 관계는 중력과 물체의 관계와 같다. 공이 탁자 위를 굴러가 바닥에 떨어지면 '중력이 여기서 작용하고 있군' 하고 생각할 것이다. 어느 문화가 출현해서 전 세계를 삼키기 위해 산지사방으로 뻗어나가는 것을 보면 '비전이 여기서 작용하고 있군' 하고 생각하게 된다.

소규모 집단의 사람들이 특정 방식으로 행동하기 시작하고, 그것이 전 대륙으로 퍼져 나간다면, 역시 '비전이 여기서 힘을 발휘하는군' 하고 생각할 것이다. 여기서 말한 소규모 집단이 서기 1세기 바울을 따르던 추종자들이고 그 대륙이 유럽이라면, 이때의 비전은 기독교가 될 것이다.

지금까지 기독교의 성공 이유를 연구한 수많은 책들이 출판되었지만, 그 가운데 19세기 이전에 나온 책은 한 권도 없다. 19세기 이전에는, 중력과 마찬가지로 기독교의 성공에 대해서도 설명할 필요가 없었다. 기독교의 성공은 너무 당연한 것이었고 성공은 기독교의 운명이었다.

여태껏 아무도 산업혁명의 성공 이유를 짚어보는 책을 쓰지 않은 것도 정확히 같은 이유 때문이다. 산업혁명의 성공은 우리에게는 너무나 당연하다. 탁자 위를 굴러간 공은 천장으로 튀어 오르지 않는다.

그것이 바로 비전의 힘이다.

비전의 확산

모든 비전은 스스로 퍼져 나간다. 그렇다고 비전이 확산하는 방식이 모두 똑같은 것은 아니다. 어떤 뜻에서는 확산 메커니즘 자체가 바로 비전이다.

우리 문화의 확산 메커니즘은 인구 팽창이다. '성장하라, 그리고 더 넓은 땅을 손에 넣고 더 많은 식량을 생산하라'는 것이다. 기독교의 확산 메커니즘은 종교적인 귀의다. '예수를 영접하라, 그리고 다른 사람들도 예수를 영접하게 하라'는 것이다. 산업혁명의 확산 메커니즘은 개량이다. '무언가를 개량하라. 그리고 그것을 세상에 내놓아 다른 사람들이 더 개량하게 하라'는 방식이다.

모든 확산 메커니즘에는 공통점이 있다. 메커니즘을 널리 퍼뜨린 사람들에게 이익이 돌아간다는 점이다. 더 많은 땅을 손에 넣고, 식량 생산을 늘리고, 인구를 번식시킨 이들이 부와 권력을 차지하게 된다. 예수를 받아들이고, 다른 사람들에게도 예수를 영접하게 한 이들은 천국으로 보상받는다. 어떤 것을 개량하고, 그것을 세상에 내보여 다른 사람들이 더 개량하게 한 이들은 존경과 명성, 부를 얻게 된다. 하지만 메커니즘 확산에 참여함으로써 받는 혜택과 메커니즘 그 자체를 혼동해서는 안 된다. 우리 문화는 부와 권력을 갖게 된 사람들을 통해 확산된 것이 아니다. 기독교는 천국으로 갈 사람들을 통해 확산된 것이 아니며, 산업혁명 역시 존경과 명성, 부를 얻은 사람들을 통해 확산된 것이 아니다.

비전 : 프로그램 없는 성공

어느 화학자가 시험관에 물을 붓고 거기에 소금을 넣었다. 이때 천사가 나타나 소금을 용해시켜 이온ion이라는 전기적 성질을 띤 입자를 만들었다고 하자. 그러나 우리는 우주가 내적으로 일관된, 이해 가능한 법칙에 따라 스스로 움직인다는 것을 알고 있다. 따라서 이 이야기에 천사가 출현할 이유는 전혀 없다. 그러니 천사가 나오는 부분을 오컴의 면도날Occam's razor*로 잘라버리자.

역사학자들은 기독교의 성공 이유를 찾고 있으나, 그렇다고 그들이 프로그램을 찾고 있는 것은 아니다. 로마제국에서 기독교가 번성한 것은 그 시대 사람들이 기독교를 받아들일 준비가 되어 있었기 때

---

* 14세기 영국의 논리학자이며 프란체스코회 수사였던 '오컴의 윌리엄William of Occam'의 이름을 딴 말로, '경제성의 원리'라고도 한다. '보다 적은 수의 논리로 설명이 가능한 경우 많은 수의 논리를 세우지 말라'는 오컴의 이 원리는 어떤 현상을 설명할 때 불필요한 가정을 해서는 안 된다는 뜻이다.(옮긴이)

문이다. 화학자가 시험관 속에서 천사가 나타나 실험을 진행시킬 것이라고 전혀 기대하지 않듯이, 역사학자들 역시 기독교의 번성을 촉진한 프로그램의 존재를 기대하지 않는다. (종교의 자유를 허용한 밀라노 칙령*이 지원 프로그램이 아니냐는 시각도 있겠지만, 그것은 250여 년에 걸친 박해로도 막지 못한 일을 단순히 허용한 것에 불과하다. 14년에 걸친 금지법령이 통하지 않자 미국 헌법의 수정 21조**를 허용하게 된 것과 마찬가지다.)

우리 문화의 확산 또한 지속되기 위해 프로그램을 필요로 한 적은 없었다. 확산이 시들해진 적이 없기 때문이다. 산업혁명 역시 마찬가지다.

---

* 313년 로마제국의 공동 황제인 콘스탄티누스 1세Constantinus I와 리키니우스Licinius가 공동으로 발표한 칙령이다. 모든 사람에게 기독교를 포함해 자신이 원하는 종교를 따를 수 있는 자유를 보장해 로마제국에서 기독교가 퍼지는 계기가 되었다.(옮긴이)

** 1919년 발표된 '주류의 제조, 운반, 판매의 금지'에 관한 수정 제18조의 해제조항으로 1933년 발표되었다. 수정 제18조에서 규정한 금주령을 푼 조항이다.(옮긴이)

비전이 추하게 일그러질 때

비전의 강물이 사람들을 원하지 않는 방향으로 싣고 갈 때, 사람들은 그런 흐름을 막기 위해 강바닥에 막대기를 꽂는다. 이 막대기들이 내가 말한 프로그램이다.

대부분의 프로그램은 이런 형태를 띠게 된다. 성가신 문제들을 불법화하고, 그런 일을 저지르는 사람들을 잡아 감옥에 던져넣는다.

낡은 마음가짐을 가진 사람들의 생각 :
더 강력하고 포괄적인 법률을 만들어야 한다.

새로운 마음가짐을 가진 사람들의 생각 :
법으로 규제한다고 바람직하지 못한 행동이 없어지지는 않는다.

이런 종류의 프로그램은 반드시 실패하기 마련이다. 그런데 그런 사실이 대다수 사람들에게는 그다지 문제가 되지 않는다.

낡은 마음가짐을 가진 사람들의 생각 :
지난해에 제대로 되지 않았으니까 올해는 더 강하게 나가보자.

새로운 마음가짐을 가진 사람들의 생각 :
지난해에 제대로 되지 않았으니까 올해는 뭔가 다른 것을 해보자.

해마다 어김없이 우리는 더 많은 것들을 불법화하고, 더 많은 사람들을 체포하고, 더 많은 사람들을 감옥에 집어넣는다. 불법 행위에 대한 규제는 결코 사라지지 않는다. 강력하고 눈에 보이지 않으며 가차없는 힘, 바로 비전에 의해 직간접적으로 뒷받침되기 때문이다. 범죄자들이 법 집행에 대응하는 것보다 경찰관들이 범죄에 더 강하게 대응하는 이유도 이것으로 설명이 가능하다. 이를 두고 "대세에 따른다"고 한다.

프로그램만으로는 안 된다

어떤 사람이 자동차 사고로 생명을 위협 당하는 중상을 입었다. 구급차 대원들은 병원에 도착할 때까지 이 사람의 생명을 유지하기 위해 최선을 다할 것이다. 이런 응급조치는 반드시 필요하긴 하지만 충분하지 않기도 하다. 구급차가 아무리 빨리 달려가도 병원이 없다면 환자는 죽음을 맞게 된다. 구급차에는 병원이 갖춘 것과 같은 충분한 의료 자원이 없는 탓이다.

프로그램도 마찬가지다. 우리의 죽음을 막기 위한 프로그램들, 예를 들어 환경이 지금보다 더 파괴되는 것을 막는 프로그램들이 많이 있다. 구급차에서 하는 응급처치와 마찬가지로 그것은 반드시 필요하긴 하지만 궁극적으로는 충분하지 않다. 프로그램이 궁극적으로 충분하지 않는 까닭은 프로그램의 본질이 어떤 문제에 대한 반응이라는 점 때문이다. 구급차의 의료진처럼, 프로그램은 좋은 일이 일어나게 할 수는 없다. 다만 나쁜 상황이 더 나빠지지 않도록 애쓸 뿐이다. 프로그램은 좋은 상황을 만들어낼 수 없고, 나쁜 일이 벌어지는 속도를 늦출 뿐이다.

　도로 끝까지 달려가도 병원이 없다면 구급차에 탄 환자는 죽게 된다. 응급조치가 (유용하긴 하지만) 환자를 무한정 살려둘 수 없다. 도로 끝에 비전이 없다면 우리는 죽게 된다. 프로그램이 (유용하긴 하지만) 우리의 생명을 무한정 유지해 주지는 못한다.

프로그램 없이 해나갈 수 있을까?

다리가 부러진 사람들만 살고 있는 곳이 있었다. 그런데 멀리 떨어진 다른 곳에서는 두 다리가 멀쩡한 사람들이 살고 있으며, 그들은 자유롭게 걸어 다닌다는 소문이 들려왔다. 다리가 부러진 사람들은 코웃음을 치며 말했다. "목발 없이 어떻게 움직일 수 있다는 거지?"

산업혁명은 프로그램 없이 사람들이 무엇을 성취할 수 있는지 보여주는 좋은 예다. 아니, 이렇게 말하는 것만으로는 부족하다. 산업혁명은 감탄이 절로 나올 만큼 멋진 사례다. 잠바티스타 델라 포르타Giambattista della Porta가 최초의 '근대적' 증기 엔진을 꿈꾼 것은 400년 전의 일이다. 세계를 뒤바꿀 이 거대한 구상을 밀고 나간 것은 오직 비전이었다. '무언가를 개량하라. 그리고 그것을 세상에 내놓아 다른 사람들이 더 개량하게 하라'는 비전 말이다. 산업혁명을 촉진하기 위해 필요했던 프로그램은 단 한 가지도 없었다. 산업

혁명을 촉진시킨 것은 수백만 명의 사람들 마음에 심어진 자신 있는 깨달음이었다. 그들은 아주 조그마한 아이디어만으로, 이전의 발명품을 아주 조금만 개량하거나 혁신하는 것만으로도 자신들의 삶이 상상할 수 없을 정도로 변할 것이라고 믿었다. 이 시기에 수백만 명의 평범한 사람들은 이기적인 동기를 완전히 벗어던진 듯이 행동했다. 그들은 아이디어와 발견을 널리 퍼뜨리고, 이를 근거로 새로운 아이디어와 발견을 다시 만들어내 세계를 변화시켰다. 이런 점을 인정한다는 것이 산업혁명을 축복이라고 여긴다는 뜻은 아니다. 반대로 산업혁명을 재난이라고 비판한다 해도, 인류 역사상 창조성이 가장 크게 발휘된 시기라는 점은 변하지 않는다.

그렇다면 어떻게 살게 될까?

패러다임은 다음번 패러다임을 예상할 능력이 없다. 하나의 패러다임은 다음 패러다임이 존재하리라는 점을 상상하는 것조차 거의 불가능하다. 중세시대의 사람들은 자신들이 어떤 것의 '중간'이 되리라고는 생각하지 않았다. 그들은 자신들이 살아가는 방식이 역사의 종말에 이르기까지 모든 사람들이 살아갈 방식이 될 것이라고 여겼다. 새로운 시대가 막 동터오고 있다고 그들에게 귀띔한다 해도, 중세시대 사람들은 그 새로운 시대에 관해 전혀 감을 잡지 못했을 것이다. 특히 무엇이 새로운 시대를 만드는 동인動因이 될지에 대해서는 조금도 알지 못했을 것이다. 14세기의 르네상스에 관해 묘사할 수 있는 사람은 중세 사람이 아니라 르네상스시대 사람이다.

우리도 다르지 않다. 새로운 패러다임과 부상하는 패러다임에 대한 수많은 논의가 있지만, 우리는 우리의 먼 후손들도 우리와 똑같은 방식으로 살 것이라는 확고한 가정을 세운다. 그들이 사용하는 기구나 옷차림, 음악 등등은 분명히 다르겠지만, 그들의 마음가짐은 우리와 동일할 것이라고 확신한다. 사람들이 다른 마음가짐을 가질 수 있다는 사실 자체를 상상할 수 없는 것이다. 그러나 우리가 지금 이곳에서 생존하는 데 성공한다면, 그것은 르네상스 사람들이 중세에서 벗어나 움직인 것처럼 우리 시대와는 다른 새로운 시대를 향해 움직였기 때문일 것이다. 그리고 그 새로운 시대는, 중세 사람들이 르네상스를 상상할 수 없었던 것과 마찬가지로, 우리로서는 상상이 불가능하다.

상상하지도 못하는 비전을 어떻게 성취할 수 있을까?

우리는 그렇게 할 수 있다. 늘 되어오던 방식대로 이루어질 것이다. 그것은 '밈meme* 하나씩 차례로'라는 방식이다. 여기에 관해서는 설명이 더 필요할 듯하다. 가장 좋은 방법은 리처드 도킨스Richard Dawkins의 《이기적 유전자The Selfish Gene》를 읽는 것이지만, 지금 바로 설명이 필요한 독자를 위해 내용을 요약하면 이렇다. 밈과 문화의 관계는 유전자와 몸의 관계와 같다.

세포가 모여 몸을 구성한다. 체내의 모든 세포는 완전한 유전자 세트를 포함하고 있다. 도킨스는 이것을 인체를 위한 건축 계획

---

* 생물체의 유전자gene처럼 재현·모방을 되풀이하며 이어가는 사회 관습 문화. 영국의 생물학자 리처드 도킨스가 1976년에 출간한 저서 《이기적 유전자》에서 사용한 용어다. 도킨스에 따르면, 문화의 전달은 유전자의 전달처럼 진화의 형태를 취한다. 그러나 언어·의복·관습·의식·건축 등과 같은 문화 요소의 진화는 유전자의 진화 방식과는 다르다. 따라서 문화가 전달되기 위해서는 유전자가 복제되는 것과 같은 복제 기능이 있어야 한다. 바이러스가 숙주 세포에 기생하는 것과 같이 문화의 전달에도 문화의 복제 역할을 하는 중간 매개물, 곧 중간 숙주가 필요한데 이 역할을 하는 정보의 단위·양식·유형·요소가 밈이다.(옮긴이)

에 비유했다. 특정한 사람의 몸을 만들기 위한 계획이다. 수태되는 순간, 인간은 하나의 단일 세포다. 몸을 위한 건축 계획의 절반은 어머니로부터, 절반은 아버지로부터 받는다. 이 하나의 세포는 두 개로 나누어진다. 두 개의 세포에도 각각 몸을 만드는 데 필요한 완벽한 건축 계획이 들어 있다. 두 개의 세포는 다시 네 개로, 네 개는 여덟 개로, 여덟 개는 열여섯 개로 계속 쪼개진다. 그리고 각각의 세포는 몸을 위한 완벽한 건축 계획을 지니고 있다.

문화 역시 세포의 집합체다. 여기서 세포는 인간 개개인이다. 나는 (그리고 나의 부모, 자손들, 친구들 한 사람 한 사람은) 완전한 밈 세트를 갖고 있다. 밈 세트는 우리 문화를 구성하는 개념적인 건축 계획이다. 도킨스는 유전자의 문화적 등가물을 설명하기 위해, 주제 theme라는 단어에 운을 맞춰 밈meme이란 용어를 만들었다.

유전자와 밈의 전달

도킨스에 따르면 밈은 '밈풀meme pool' 속에서(내가 문화라고 부른 것 속에서) 자신을 복제한다. 유전자가 유전자풀gene pool에서 자신을 복제하는 것과 비슷하다. 유전자가 몸을 건너뛰어 다른 몸으로 가는 것처럼, 밈은 마음과 마음을 건너뛰어 전해진다. 유전자는 재생산을 통해 몸에서 몸으로 전해진다. 밈은 커뮤니케이션을 통해 마음에서 마음으로 전달된다. 요람에 누워서 들었던 자장가, 어릴 때 읽은 동화책, 식탁에서 부모와 나눈 대화, 농담, 텔레비전이나 신문에 나오는 만화, 교회의 설교, 가십, 강의, 교과서, 영화와 소설, 신문, 노랫말, 광고 등을 통해 밈이 전달된다.

도킨스의 밈을 두고 엄청난 (실제의 혹은 가상의) 잉크가 소비되었다. 일부 권위자들은 존재하지 않거나 터무니없는 것이라며 밈을 부정했다. 일부는 밈을 지나치게 받아들인 나머지, 수상돌기나 신경교세포처럼 밈이 실제로 뇌 속에 있는지 궁금해하기도 했다.

■■■■■■■

    모든 문화는 개인의 집합체다. 각 개인은 머릿속에 가치와 개념, 규칙, 선호 등을 갖고 있으며, 이것이 모여 특정 문화를 위한 건축 계획을 구성한다. 그것을 밈이라 부르든, 마글팝marglefarbs*이라 부르든 관계없다. 그것이 존재한다는 것은 의문의 여지가 없는 사실이니까.

---

* 존재하지 않는 영어 단어로, 명칭이 중요하지 않다는 걸 강조하기 위해 의도적으로 없는 단어를 만들어 쓴 듯하다.(옮긴이)

작은 차이, 큰 변화

유전학자가 아닌 대부분의 사람들은 인간의 유전자 구성이 침팬지와 아주 조금만 다르다는 사실을 알면 깜짝 놀랄 것이다. 그러리라고는 생각하지 못하기 때문이다. 인간인 우리와 침팬지는 확연하게 다르기 때문에 둘 사이의 유전자 간극이 엄청나게 클 것이라고 생각한다. 하지만 공유하지 않은 일부 유전자가 '모든 것을 달라지게 만들었다.' 그렇다고 해서 침팬지에게는 없고 인간에게만 있는 유전자가 없어진다면 인간이 침팬지가 된다거나, 인간만 가지고 있는 유전자를 침팬지가 가지면 침팬지가 인간이 되는 것은 아니다. 인간은 여분의 유전자 덕분에 침팬지가 아닌 것이 아니다. 마찬가지로 침팬지도 결여된 유전자가 있다 해서 인간과 똑같은 것이 아니다. 유전자의 세계에서는 (모든 세계가 그렇듯) 모든 것이 그처럼 간단치는 않은 법이다.

르네상스를 중세와 구별 짓는 것도 아주 조그만 밈의 차이다. 그렇지만 그 작은 차이가 '모든 것을 달라지게 만들었다.' 교회의 권위는 시들었고, 인본주의적인 새로운 이상이 나타났으며, 인쇄 기술의 발달로 사람들의 지식과 사고가 넓어졌다. 르네상스의 막을 올리기 위해 중세시대 밈의 90퍼센트를 바꿀 필요는 없었다. 80퍼센트도, 60퍼센트도, 30퍼센트도, 20퍼센트도 필요 없었다. 새로운 밈이 동시에 나타날 필요도 없었다. 사실 동시에 발현한다는 것 자체가 불가능한 일이다. 르네상스는 마르틴 루터Martin Luther를 맞을 준비가 되기 훨씬 전에 안드레아 델 베로키오Andrea del Verrocchio*를 먼저 맞아들였다.

---

* 이탈리아의 화가, 조각가, 금세공사. 회화에서 과학적 탐구를 지향한 15세기 후반 초기 르네상스 피렌체파派의 대표적 자연주의자. 그의 제자로 다빈치Leonardo da Vinci, 페루지노 Perugino, 보티첼리Botticelli 등이 있으며 미켈란젤로Michelangelo에게도 영향을 주었다.(옮긴이)

우리가 바꿔야 할 밈은 어떤 것인가?

이 질문에 답하는 것은 생각보다 어렵지 않다. 우리가 바꿔야 할 밈은 치명적인 밈이다.

리처드 도킨스는 이를 더 이상 줄일 것이 없을 정도로 간결하게 표현해 "치명적인 유전자는 그것의 소유자를 죽이는 유전자"라고 했다. 치명적인 유전자 같은 것이 존재한다는 사실에 대해 부당하고 조리에 맞지 않는다고 생각할 수도 있겠다. 치명적인 유전자가 어떻게 유전자풀 속에서 존속할 수 있는지도 이상하다고 생각할 것이다. 소유자를 죽음에 이르게 하는 그런 유전자가 왜 제거되지 않는 것일까? 대답은 이렇다. 유전자들은 동시에 일제히 활동하지 않는다. 대다수 유전자는 몸이 만들어질 때 태아 단계에서부터 작용한다. 일부 유전자는 사춘기가 될 때까지 잠자고 있다. 사춘기 이전에 활동을 개시하는 치명적인 유전자는 물론 유전자풀에서 빠르게 제거된다. 그 유전자를 가진 사람이 재생산을 통해 그것을 전달할 길이 없기 때문이다. 같은 이유로 사춘기 초기에 활동을 시작하는 유전자도 제거되는 경향이 있다. 하지만 중년이나 노년에 작용하는 치명적 유전자들은 유전자풀에 남아 있게 된다. 치명적 유전자 탓에 소유자가 죽기 이전에 재생산을 통해 이 유전자들은 다른 몸으로 전해진다.

치명적인 밈

치명적인 밈 역시 소유자를 죽음에 이르게 한다. 예를 들면, 헤븐스 게이트Heaven's Gate*의 신도들은 자살을 저항할 수 없이 매력적으로 느끼는 치명적 밈을 갖고 있었다. 그런데 내가 관심을 갖는 것은 개인에게 치명적인 밈이 아니라 문화에 (그리고 특히 우리 문화에) 치명적인 밈이다.

치명적 유전자는 처음에는 몸에 유익한 쪽으로 활동하다가 나중에 치명적으로 변하는 게 아니다. 치명적 유전자는 처음에는 아무 영향력이 없거나 다른 효과를 나타낸다. 이 다른 효과는 나중에 치명적으로 작용하게 된다. 치명적인 밈도 마찬가지다. 우리 문화가 시작되던 시기, 초기의 유대인 목격자들은 이웃들이 신이 소유한

---

* 미확인비행물체UFO를 신봉한 미국의 컬트 집단. 1997년 지도자 마셜 애플화이트Marshall Applewhite를 포함한 신도 38명이 집단 자살해 물의를 빚었다. 이들은 지구가 완전히 일소된 뒤 새로 태어나는 시기에 접어들었으며, 이 과정에서 살아남을 수 있는 유일한 방법은 즉시 지구를 떠나는 것이라고 믿었다.(옮긴이)

지혜의 나무에서 일부 밈을 탈취했다고 밝혔다. 그들은 "북쪽에 있는 우리 이웃들은 자신들이 세계를 지배해야 한다고 생각하게 되었다. 이 밈은 신의 영역에서는 유익하지만, 인간에게는 치명적인 것이다"라고 말했다. 그들의 예언은 정확했으나 즉시 실현되지는 않았다. 우리를 세계의 지배자로 만든 밈은 치명적인 밈이다. 하지만 1,000년 전에는(아니면 2,000년 전이나 5,000년 전에는) 치명적인 효과를 나타내지 않았다. 이 치명적 밈의 작용으로 우리는 세계의 지배자가 되었다. 그러나 치명적 밈이 정해둔 마감 시한은 그것들이 우리를 세계의 파괴자로 만든 이번 세기에 들어서야 명확해졌다.

우리 자신에게서 이런 밈을 제거하는 것은 삶과 죽음의 문제다. 하지만 우리는 그렇게 할 수 있다. 나는 치명적 밈을 제거하는 일이 가능하다는 것을 알고 있다. 실제로 다른 사람들이 그렇게 했기 때문이다. 그것도 여러 차례 말이다.

제2부
과정에 다가가기

…허물어지고 내버려졌다…

…도시는 완전히 붕괴되었다…

무슨 일이 일어나든…

…도시는 파괴되었다…

붕괴 원인은 아마도…

…집터는 버려졌고…

…마을이 폐허가 되었다…

−《과거의 세계 : 더 타임스 고고학 도해서 *Past Worlds : The Timed Atlas Of Archaeology*》

유전자의 생존 기계

우리 한 사람 한 사람은 부모에게서 물려받은 유전자들의 복합체다. 우리의 부모는 또 그 부모에게서 받은 유전자들의 복합체다. 이런 점을 알고 있기에, 우리는 유전자가 세대를 이어서 우리를 존속하게끔 한다고 생각한다. 하지만 진실에 더 가까운 얘기는 이렇다. 만약 유전자가 사고할 수 있다면, 우리가 세대를 이어 자신들을 존속하게 해주는 존재라고 여길 것이다.

이쪽이 더 진실에 가깝다고 하는 것은, 우리는 개체 단위로 생존할 수 없지만 유전자들은 그것이 가능하기 때문이다. 우리는 다른 생명체들과 마찬가지로, 부모에게서 물려받은 유전자들을 위한 임시 이동 주택일 따름이다. 우리가 일하는 것은 (유전자의 관점에서 보면) 다음 세대, 곧 우리 아이들에게 이 유전자들이 거주할 집을 마련해 주기 위한 방편이다. 임시 주택 한 곳이 더 이상 재생산 가치를 지니지 못하게 된다면 어떻게 될까? 곧 재활용 단계를 준비하게 된다. 이 사실은 우리 주변에서 일어나고 있는 일들을 명확하게 설명해 준다. 우리는 우리가 지구의 VIP인 양 실력자이고 거물인 듯 행세하고 있지만, 실제로 우리는 유전자들이 불멸을 향한 여행에서 타고 가다가 마음대로 처분할 수 있는 운송 수단일 뿐이다. 리처드 도킨스는 사용 후 버릴 수 있는 이 운송 수단을 '유전자를 위한 생존 기계survival machines for genes'라고 불렀다.

밈의 생존 기계

마찬가지로 우리는 우리의 밈들이 불멸을 향해 가는 길에 마음대로 처분할 수 있는 탈것이다. 이 밈들은 우리가 커오는 동안 입 뚫린 사람이라면 누구나(부모, 형제자매, 이웃, 교사, 목사, 상사, 동료 등등) 우리에게 전달한 것이다. 또한 교과서, 소설, 만화, 영화, 텔레비전 쇼, 신문, 잡지, 인터넷 사이트 등을 만들어내는 데 관여한 모든 사람들로부터 우리에게 온 것이다. 이 모든 사람들은 서로에게(물론 자신의 자녀와 학생, 종업원 등에게도) 자신들이 살아오며 받은 밈을 끊임없이 되풀이한다. 이런 목소리들이 모여 문화의 목소리를 구성하게 되는 것이다.

한 가지 덧붙이자면, 여기서 내가 말하는 불멸이 절대적인 것은 아니다. 우리의 유전자들은 이 행성의 죽음 이후에 생존할 수는 없다. 그러므로 유전자의 수명은 지금부터 수십억 년이다. 우리의 밈은 수명이 그보다 더 짧을 것이다.

원본과 차이 없는 복사본

컴퓨터에서 한 쪽짜리 문서를 만들고 그것을 인쇄했다고 치자. 성능 좋은 복사기를 사용해 복사하면 원본과 복사본을 쉽게 구별하기 힘들다. 여기서 복사본 A를 다시 복사해 복사본 B를 만들고, B를 복사해 C를, C로 D를, D로 E를 만든다면 어떨까. 마지막 복사본인 E는 원본과 쉽게 구분할 수 있을 것이다. 복사 횟수가 늘어날수록 원본이 조금씩 훼손됨을 알 수 있다. 한 번의 복사를 통해 상실된 것은 육안으로 알 수 없지만 상실된 것들이 쌓이면 원본과 복사본 E의 차이는 확연해진다. 이런 일이 벌어지는 건 아날로그 복사기를 사용했기 때문이다.

하지만 컴퓨터 앞에 앉아 원본 문서를 화면에 복사해 파일 A를 만들고, A를 복사해 B를, B를 복사해 C를 만들면 전혀 다른 결과가 나온다. 하루 종일 복사 파일을 만든다 해도 마지막에 만든 복사 파일과 원본 파일 사이에서 차이를 발견할 수 없다. 아날로그 복사기가 아니라 디지털 복사기를 사용했기 때문이다. 원본과 똑같은 복사본을 만들어내는 이런 재생의 정확도가 디지털 혁명의 기반이 되었다.

# 유전자 복제와 밈의 복제

유전자들은 놀라운 정확성을 가지고 자기 자신을 복제한다. 밈에도 이 말을 그대로 적용할 수는 없다. 그러기 위해선 단서가 필요하다. 외부의 간섭 없이 살아가는 부족민들(유럽이 침략하기 전에 신대륙에서 살던 사람들을 생각해 보자) 사이에서는 사실상 밈이 원형 그대로 세대에서 세대로 완벽하게 전해진다. 신대륙 거주자들이 '태초부터' 같은 방식으로 살고 있다고 생각했던 이유도 여기에 있다. 그러므로 우리는 그들의 문화를 정적인 것으로(우리 문화에서는 이 말에 경멸이 깃들어 있다) 여긴다. 반면 우리의 문화는 동적인 것으로(여기에는 감탄이 스며들어 있다) 간주한다.

우리 문화는 (우리가 느끼는 그대로) 역동적이다. 우리의 밈이 매우 불안정하기 때문이다. 어느 한 세대에서 새로 태어난 밈은 처음엔 힘을 뽐내지만 점차 쇠약해져 비틀거리고, 그 다음엔 유행에 뒤떨어진 웃음거리로 전락한다. 그렇긴 하지만 우리에게도 문화적 근본을 이루는 밈의 중핵은 있다. 우리는 1,000년 전 우리 문화가 시작될 때부터 바로 지금 이 순간까지 완벽한 정확성을 가지고 그것을 전달해 왔다. 이 핵심적인 근본 밈을 구별하는 것은 별로 어려운 일이 아니다. 누군가 이 주제를 생각했더라면 벌써 예전에 이뤄졌을 작업이다.

최선의 생활 방식

근본적인 밈 가운데 하나는 모든 식량을 스스로 키우는 게 최선의 생활 방식이라는 것이다. 일부 인류학자들을 제외하면(그들은 이것이 의견의 문제라는 점을 확실히 알고 있다) 이 밈은 우리 문화에서 확고부동한 위치를 차지하고 있다. 일부 인류학자들을 따로 떼어서 얘기한 이유는 그들의 전문적인 지식을 염두에 둔 까닭이다. 인류학자들은 아프리카 부시먼족Bushmen族이 모든 식량을 스스로 키우는 게 최선의 생활 방식이라는 데 동의하지 않는다는 사실을 알고 있다. 브라질의 야노마미족Yanomami族, 호주의 알라와족Alawa族, 뉴기니의 게부시족Gebusi族도 마찬가지다. 하지만 인류학자가 아니라 한 개인의 입장에서는 그들도 자신의 모든 식량을 스스로 키우는 게 최선의 생활 방식이라고 생각할 것이다. 여러 방식 중 하나를 고르라고 한다면 망설이지 않고 이것을 택할 게 틀림없다. 인류학의 영역을 벗어나면, 농경을 통해 모든 식량을 얻는 것이 가장 좋은 방식이라고 믿지 않는 사람은 만나기 힘들다.

제2부 과정에 다가가기

■■■■■■■

 이 밈이 우리 문화의 발생기부터 침투했다는 사실은 확실하다. 그것이 가장 좋은 삶의 방식이라고 생각하지 않았다면, 우리는 전업 농부가 되지 않았을 것이다. 우리가 모든 식량을 재배하기 시작했고, 지금도 여전히 그렇게 하고 있다는 사실은 우리 스스로 이것이 최선의 생활 방식이라고 여겼음을 증명한다.
 그렇지 않다면….

어쩌다 보니?

삶을 이어가기 위해 농경을 선택한 것은 그 길이 가장 쉬웠기 때문이라 생각할 수도 있다. 하지만 그것만큼 사실과 거리가 먼 얘기도 없다. 먹을 것을 스스로 재배하는 방식은 가장 힘겨운 방식이다. 더 많이 재배할수록 어려움도 커진다. 생존을 위한 노동 강도가 농경에 대한 의존도와 정확한 상관관계를 가진다는 사실에도, 인류는 농업을 삶의 방식으로 선택하게 되었다. 작물을 덜 키울수록 노동을 덜 하게 되고, 많이 키울수록 더 많이 일해야 한다. 슈퍼마켓 진열대에 놓인 3온스짜리 통조림 한 통에 들어가는 옥수수를 키우기 위해 쏟아 부어야 하는 에너지는 믿기 힘들 정도로 엄청나다. 3온스짜리 옥수수 통조림 한 통을 사기 위해 일해야 하는 시간도 마찬가지다.

우리 문화를 세운 사람들은 농업에 전적으로 의존하는 생활양식을 우연히 지니게 된 것이 아니다. 그들은 그렇게 하기 위해 스스로를 채찍질해야 했다. 그리고 그들이 사용한 채찍은 바로 모든 식량을 스스로 키우는 게 최선의 생활 방식이라는 밈이다.

그 밈이 아니었다면, 그 무엇도 이 놀라운 속임수를 이처럼 멋지게 해치울 수 없었을 것이다.

그저 배가 고파서?

　　　　수렵-채취로 살아가는 사람에게 하루 2,000칼로리의 열량이 필요하다면, 수렵-채취 활동에는 400칼로리만 쓰면 된다. 수렵-채취를 통해 얻을 수 있는 열량의 비율이 그렇기 때문이다. 수렵-채취에 1칼로리만큼 쓰면 5칼로리의 음식을 얻을 수 있다. 하지만 2,000칼로리가 필요한 농부는 농업에서 음식물을 얻기 위해 1,000칼로리를 사용해야 한다. 1칼로리를 써서 농사일을 했을 때 2칼로리의 음식을 얻을 수 있기 때문이다.

　배고픈 사람이 수렵-채취를 농경과 바꾸는 것은 돈에 쪼들리는 사람이 시간당 5달러 받는 직업을 2달러 받는 직업과 바꾸는 것과 똑같은 일이다. 한 마디로 말도 안 되는 소리다. 배가 고프면 고플수록 더더욱 그럴 이유가 없다.

　배고픔을 해결하는 면에서 농경은 수렵-채취 활동에 비해 훨씬 비효율적이다. 하지만 농경은 다른 혜택들을 준다. (가장 중요한 것은 정착 근거를 제공하여 문명을 가져왔다는 점이다.) 우리 문화의 창설

■■■■■■■

자들은 농업에 전적으로 의존하는 생활 방식을 채택함으로써 이런 혜택들을 보존했다. 그때부터 모든 식량을 스스로 키우는 게 최선의 생활 방식이라는 생각이 우리 사이에서 완전한 확신으로 뿌리를 내렸다. 우리는 그런 믿과 미래에 투자했고, 그 믿과 미래가 어떤 경우에도 우리의 투자를 보호해 줄 것이라고 생각했다.

농경 밈을 채택한 신대륙 사람들

식량을 직접 재배하는 데 따르는 혜택을 깨닫고 고대에 그것을 택한 이가 우리들만은 아니었다. 신세계에서도 같은 밈을 채택한 뚜렷한 사례로 마야Maya, 올멕Olmec, 테오티우아칸Teotihuacán, 호호캄Hohokam, 아나사지Anasazi, 아스텍Aztecs, 잉카Inca 사람들이 있었다.

가장 근본적인 이 밈과 관련해 중요한 점은, 15세기 말 유럽인들이 신대륙에 가닿았을 때, 이 문명들 가운데 가장 늦게 생겨난 아스텍과 잉카 사람들만이 여전히 농경 밈을 고수하고 있었다는 사실이다.

🦖 마야

마야인들은 우리 문화가 농경을 시작한 지 얼마 지나지 않은 시점부터 전적인 농경 생활을 하게 된 것으로 보인다. 하지만 (우리와 마찬가지로) 마야인들도 이후 수천 년 동안 문명 건설자처럼 보이지는 않았다. 유카탄Yucatán 반도에 있는 마야 최초의 거대 도시들은 기원전 2000년 무렵에 세워지기 시작했다. 이 시기는 중동에 이집트 왕국이 설립된 때와 일치하며, 바빌로니아보다 약 200년이 앞선다.

마야 문명은 3,000년 가까이 번성했다. 그러다가 9세기가 시작될 무렵 마야인들은 갑작스럽게 남부 도시들을 버렸고, 얼마 지나지 않아 도시는 텅 비었다. 북부 도시들은 톨텍족Toltec族의 지배 아래서 계속 번창하다가 13세기에 톨텍족이 멸망하면서 붕괴되었다. 이후 서쪽의 마야판Mayapan이 마야 문명 최후의 거점으로 부상했으나 200년 뒤에 역시 몰락하고 말았다.

이것이 일반적인 백과사전이나 역사 도해서에서 마야를 설명하는 방식으로, 이런 방식은 우연이 아니라 의도된 것이다. 처음에는 사람들에 대해 얘기하지만 얼마 지나지 않아 뭔가 다른 것, 이를테면 시간을 항해하는 거대한 원양 정기선에 대한 이야기 같이 변질되어 버린다. 원양 정기선은 분명히 승객들을 싣고 있었을 텐데, 사람들은 보통 바닥짐ballast*에 대해 이야기할 뿐이다. 바닥짐은 배가 뒤집혀 가라앉는 것을 막는 용도로만 의미가 있는데 말이다.

---

* 배의 안정을 위해 바닥에 싣는 돌과 모래 등을 말한다.(옮긴이)

올멕과 테오티우아칸

멕시코 베라크루스Veracruz 및 타바스코 Tabasco 연안에 살았던 올멕의 농경인들은 산로렌조San Lorenzo, 라벤타La Venta 등에 거대한 의례용 건물을 세웠다. 가장 오래된 도시인 산로렌조는 기원전 1200년에서 900년까지 번창했다가 (흔히 말하듯이) '몰락하고 버려졌다.' 똑같은 일이 5세기 뒤 라벤타에서도 벌어졌다. 소규모 도시들은 한동안 명맥을 유지했으나 라벤타의 몰락은 올멕의 지배가 이 지역에서 끝났음을 알리는 신호탄이었다.

다시 200년이 흐른 뒤 고대 세계에서 가장 거대한 도시들 가운데 하나가 중부 멕시코에 건설되었다. 서기 500년 무렵, 테오티우아칸족은 세계에서 여섯 번째로 큰 도시의 주인이 되었다. 이 도시는 250년간 제국의 중심으로 번성했다. 그러다가 갑작스럽게 늘 일어나던 일이 또 발생했다. 테오티우아칸은 '파괴되었다.' 도시는 불타고, 마치 '하나의 의례처럼' 사라져버렸다. 폐허에 얼마간 사람들이 살았으나 도시는 곧 죽어버렸다.

호호캄과 아나사지

예수시대 무렵 남부 애리조나의 사막지대에 살았던 사람들은, 우리에게 문명 건설자라기보다는 열성적인 일꾼들로 비춰진다. 기원후 700년 무렵부터 그들이 행한 인상적인 일은 도시 건설이 아니라 드넓은 관개 수로망 구축이다. 이를 이용해 그들은 필요한 모든 식량 작물을 재배했다. 폭 25피트, 깊이 15피트인 수로는 길이가 16마일에 이르는 것도 있었고, 솔트강Salt피을 따라 만들어진 하나의 망에 연결된 수로의 전체 길이는 150마일에 달했다. 그러나 그들은 15세기 초반에 수로 건설 작업을 포기했고 수십 년이 지나자 일꾼들은 호호캄, 그 지역 피마 인디언 언어로 '사라진 사람들'이 되었다.

아나사지 사람들은 오늘날의 애리조나, 뉴멕시코, 유타, 콜로라도가 만나는 사각형 모양의 지역에 살았다. 900년부터 시작해 그들이 번창했던 기간은 아주 짧았고 거대한 도시를 건설하지도 않았지만, 작은 마을과 높은 절벽지대에서 인상적인 생활양식을 만들어냈다. 그 모든 것들이 14세기 이후 내버려졌다.

제2부 과정에 다가가기

행위자를 찾아서

이들의 역사를 간단히 요약하면서, 나는 그런 설명들이 따르는 인기 있는 모델에 관심을 갖게 되었다. 우선 시작 부분에서는 사람들이 이런저런 일을 했다는 활기찬 목소리가 나온다. 하지만 끝 부분에 이르면 우물거리며 이런저런 일이 벌어졌다고 설명한다. 그 '지역'이나 '도시들' 혹은 '문명'에 무슨 일이 벌어졌다는 것이다. 마지막은 항상 똑같다. 그곳들은 '버려지고' '파괴되고' '손상되고' '불타고' '모독당한다'. 이런 설명을 읽고 나면, 미스터리와 같은 모호한 인상만 남을 따름이다. 수수께끼의 버뮤다 삼각지대Bermuda Triangle나 '환상특급Twilight Zone'* 속에서 벌어진 일인 것처럼 말이다.

이런 설명을 쓴 사람들은 진실을 불편하게 느꼈음이 분명하다. 그 진실이란, 이 문명들은 모두 문명을 건설한 바로 그 사람들에 의

---

* 미국에서 제작된 텔레비전 시리즈. 환상, SF, 호러, 미스터리 등이 주된 내용이다. 국내에서도 방송된 적이 있다.(옮긴이)

해 파괴되고 버려졌다는 것이다. 마야인들은 자신들의 도시에서 제 발로 스스로 걸어나갔다. 그들은 비행접시 속으로 사라진 것이 아니다. 올멕 사람들은 자신들의 손으로 산로렌조와 라벤타를 부수고 내버렸다. 테오티우아칸 사람들은 자신들의 도시에 불을 질렀다. 남부 애리조나의 수로 건설자들은 어느 날 연장을 손에서 내려놓고 뚜벅뚜벅 걸어가 버렸다. 차코 계곡Chaco Canyon과 메사베르데Mesa Verde의 마을과 절벽에 살던 사람들도 똑같이 행동했다.

게다가 이들 모두는 백과사전식 설명에는 거의 암시되어 있지 않은, 보다 과격한 어떤 행동을 했다. 자신들의 문명을 포기한 것으로도 모자라 그 다음 단계에서 그들이 한 행동은 상상하기 힘든 것이었다. 그들은 경작을 중단했다. 그들은 자신들이 먹을 작물 재배를 멈췄다.

그들은 가장 바람직한 생활양식을 포기한 것이다.

✣ '사라진 사람들'

실질적인 뜻에서 마야인을 비롯한 이 모든 사람들은 '호호캄'이라고 불릴 만하다. 장엄한 예복을 벗어버리고, 불멸의 예술작품을 창조하기 위해 쓰던 도구들을 밀쳐놓고, 사원과 피라미드를 지으려던 계획을 내던지고, 문자와 수학과 세상에서 가장 앞섰던 달력을 내다버리고, 정교한 국가 종교와 모든 정치체계를 망각의 손길에 내맡긴 이 기묘한 사람들은 가까이 있는 배경 속으로, 다시 말해 열대 정글로, 무성한 초원으로, 엄혹한 사막지대로 녹아들어 가서 사라졌다. 물론 그들이 실제로 사라진 것은 아니다. 그들은 약탈, 혹은 약탈과 농경을 병행해 생활하면서 시선을 덜 끄는 방식으로 살아가고 있을 따름이다.

한 마디로 말해, 그들은 그보다 못한 것을 위해 우리가 최선의 생활양식이라고 생각하는 것을 일부러 버렸다. 그들은 자신들이 무엇을 하는지 분명히 자각하고 있었으며, 그럼에도 그렇게 했다. 한 번이 아니라 그런 일이 두 번, 세 번, 네 번… 계속 이어졌던 것이다.

이런 일에는 설명이 있어야 한다. 설명되지 않는 행동을 설명하지 않고 그대로 내버려두어서는 안 되는 법이다. 인류학자 제레미 A. 사블로프Jeremy A. Sabloff는 마야 문명의 붕괴와 관련하여 "토양 남용, 지진, 허리케인, 기후 변화, 질병, 해충, 농민 반란, 침략 등등" 수십 가지 가정이 나왔다는 점에 주목했다. 마야에 대해서만 그런 게 아니었다. 다른 문명의 몰락을 설명하기 위해서도 이와 유사한 가정들이 제시되었다. 이 수많은 설명들은 한 가지 공통점을 지니고 있다. 사블로프 교수가 깔끔하게 결론을 내린 것처럼 "이 중 어느 것도 전적으로 만족스럽지 못하다고 판명되었다."

왜 그런 설명들로는 안 될까?

그런 설명은 만족스럽지 못할 수밖에 없다. 왜냐하면 우리는 모두 다음과 같은 사실을 알고 있기 때문이다.

- 한 곳의 토양이 고갈될 수는 있다. 그러나 모든 곳이 그렇지는 않다.
- 지진과 허리케인은 영원히 지속되지 않는다.
- 기후 변화는 참고 견딜 수 있다.
- 질병은 자연히 소멸한다.
- 병충해는 왔다가 사라진다.
- 농민 반란은 진압할 수 있다. 아니면 반란군이 살아남을 수 있다.
- 침략자는 물리칠 수 있다. 아니면 흡수할 수도 있다.

그들을 사라지게 한 것이 이런 일들이 아니라는 사실은 바로 우리 자신을 보면 알 수 있다. 문명 몰락의 요인으로 제시된 것들은 지금 우리가 직면한 문제들과 비교하면 단순히 불편한 일 정도에 불과하다. 우리는 그런 요인들 뿐 아니라 훨씬 더 심각한 문제도 겪고 있다. 기근과 온갖 종류의 전쟁, 취조, 고문과 암살로 수립된 정부, 끝없이 늘어나는 범죄, 부정부패, 독재, 광기, 혁명, 인종 학살, 인종주의, 사회적 불의, 엄청난 빈곤층, 오염된 물과 공기, 두 번의 파괴적인 세계대전, 핵전쟁의 위협, 생물학적 무기, 멸종 등 우리는 이 모든 문제들과 직면해 있다. 그렇지만 우리는 단 한 번도 문명을 버리려는 유혹을 느낀 적은 없었다.

그러므로 그들 사이에는 뭔가 다른 요인이 작용했어야 한다. 실제로 다른 무언가가 있었다.

차이를 만드는 어떤 것

비행기에 탄 두 사람이 있었다. 한 사람이 비행기에서 떨어졌고 조금 뒤 다른 한 사람도 떨어졌다. 첫 번째 사람은 땅에 떨어져 잘 익은 토마토처럼 으깨졌다. 두 번째 사람은 멀쩡한 모습으로 땅에 안착해 태연히 걸어갔다. 두 번째 사람은 첫 번째 사람에게는 없는 무언가를 갖고 있었던 게 틀림없다. 그리고 그것이 무엇인지는 명확하다. 바로 낙하산이다.

두 사람이 총잡이와 마주쳤다. 한 명은 가슴에 총알을 맞고 쓰러져 죽었다. 다른 한 명도 가슴에 총알을 맞았지만 침착하게 응사해 총잡이를 쓰러트렸다. 역시 이번에도 두 번째 사람은 총을 맞고 죽은 사람과는 달리 무엇인가를 갖고 있었으며, 그것이 무엇인지도 확실하다. 방탄복이다.

두 개의 문명이 있었다. 한 문명은 한동안 진행되다가 무언가 나쁜 일이 벌어졌는지(아닐 수도 있다) 갑자기 모든 사람이 그 문명에서 벗어나 버렸다. 다른 문명은 상상할 수 있는 모든 재난을 겪으면서도 훨씬 더 오래 이어졌다. 하지만 아무도 그 문명에서 벗어나야겠다는 생각을 한순간도 품지 않았다.

두 번째 문명에는 첫 번째 문명에 없는 무언가가 있음이 분명하다. 하지만 그것이 정확히 무엇인지는 그렇게 명확하지 않다.

두 번째 문명은 어떤 밈을 갖고 있었던 것이다.

밈의 결핍으로 사라진 문명

이 비틀거리는 문명에 살고 있는 모든 제사장들, 세력가들, 세습군주들, 영주들, 제후들, 왕족들, 추장들, 교리 해설자들, 사제들, 지배자의 측근들은 동요하는 사람들의 마음에 다음과 같은 간명한 관념을 심으려는 열망을 갖고 있다. 문명은 '어떤' 대가를 치르더라도 계속되어야 하며 '어떤' 상황에서도 문명을 포기해서는 안 된다는 것이다.

관념을 불어넣는 것만으로는 충분치 않다. 어떤 밈이 효력을 발휘하기 위해서는 아무런 의심도 없이 받아들여질 수 있어야 한다. 문명에 관한 터무니없는 그런 생각을 사람들이 곧장 받아들일 수는 없는 법이다. 그러므로 태어났을 때부터 줄곧 그런 이야기를 들려주어야 한다. 우리에게 행해진 방식처럼, 모든 방향에서 같은 이야기를 반복하고 모든 커뮤니케이션 속에 그 이야기가 묻어나 있어야 한다.

그 결과 모든 사람들은 자신의 모든 식량을 스스로 키우는 것이 최선의 생활 방식이라고 믿기 시작했다. 그렇지 않았다면 도대체 왜 그들이 다른 것은 포기하고 농경에만 매달렸겠는가? 그들은 농경 생활을 시작했고, 오랫동안 그 방식을 고수하고 있었다. 그런데 충분히 예상할 수 있는 어떤 일이 벌어졌다. 예컨대 마야와 올멕, 테오티우아칸 사람들 사이에서 엄격한 계층 구조가 나타났다. 모든 권력을 손에 넣은 부유한 사람들과, 위대한 문명 건설에서 고된 일을 도맡아 했지만 가난하고 무력한 대중으로 나뉘었다. 대중은 그런 비참한 생활을 참아낼 것이다. 우리는 그것을 알고 있다! 하지만 결국에는 동요할 것이다. 우리는 그 사실 또한 알고 있다.

하층계급이 동요하면

우리의 역사는 하층민들의 봉기와 폭동, 반란, 소요, 그리고 혁명으로 가득 차 있다. 하지만 그중 단 하나도 단순히 사람들이 떠나는 것으로 막을 내린 적은 없었다. 우리 문화에 속한 사람들은 어떤 대가를 치르더라도 문명은 계속되어야 하며 어떤 상황에서도 문명을 포기해서는 안 된다는 것을 알기 때문이다. 미친 듯 날뛰고, 눈에 보이는 모든 것을 파괴하고, 붙잡힌 모든 엘리트들을 처단하고, 불태우고, 약탈하고, 노략질하면서도, 그들은 결코 그저 떠나지는 않는다.

마야와 올멕 사람들의 행동이 우리 역사가들에게 도저히 풀 수 없는 미스터리로 여겨지는 이유도 여기에 있다. 우리 문화의 역사가들은 어떤 대가를 치르더라도 문명은 계속되어야 하며 어떤 상황에서도 문명을 포기해서는 안 된다는 것이 자명한 사실이라고 생각한다. 그렇다면 마야나 올멕 사람들은 어째서 그런 자명한 사실을 몰랐던 걸까?

정확히 이것이야말로 그들의 마음속에서 빠져 있던 부분이다. 자신들이 만든 것을 더 이상 좋아하지 않게 되었을 때, 그들은 그것으로부터 떠날 수 있었다. 왜냐하면 그들은 그것이 어떤 대가를 치르더라도 계속되어야 하고 어떤 상황에서도 그것을 결코 포기하면 안 된다고 생각하지 않았던 것이다.

낙하산이 비행기에서 떨어진 두 사람의 차이를 만들고 방탄복이 총잡이와 맞닥뜨린 두 사람의 차이를 만든 것처럼, 이 믿은 그들과 우리를 다르게 만들었다.

그 밖의 문명에는 어떤 일이 일어났나

호호캄과 아나사지 사회가 권력을 독점한 상층부와 힘없는 하층부로 분리되었다는 증거는 없다. 하지만 호호캄이 그런 방향으로 기울어졌음을 추측하게끔 하는 증거는 있다. 무도회장 용도로 생각되는(상류층이 생겨나지 않았다면 누구를 위해 만들었겠는가?) 중앙아메리카 양식의 무대 형태 고분들이(하류층이 생겨나지 않았다면 누구 손으로 그것을 만들었겠는가?) 여기저기 세워지기 시작했던 것이다. 아나사지의 경우에는, 이 책에서 살펴본 사람들 가운데 가장 역사가 짧고 (이런 이름을 붙일 수 있다고 한다면) 문명으로서는 가장 덜 발달한 형태여서 증거를 찾기가 더 어렵다. 하지만 아나사지인들도 결국엔 똑같은 길로 갔다. 이유가 무엇이든 자신들이 만든 것을 더 이상 좋아하지 않게 되었을 때, 그들은 거기서 떠나버렸다. 그들은 어떤 대가를 치르더라도 그것이 계속되어야 하고 어떤 상황에서도 그것을 포기하면 안 된다고 생각하지 않았기 때문이다.

나는 신대륙의 또 다른 두 거대 문명인 잉카와 아스텍에 관해서도 (자세히 논하지는 않았지만) 언급했다. 잉카와 아스텍의 초기와 중기 발전은 마야 및 올멕과 유사하게 진행되었다. 하지만 문명의 종말은 그들 자신의 손으로 이뤄지지 않았다. 그들의 문명은 16세기 스페인 군대의 침략으로 파괴된 탓이다. 그들이 운명을 결정할 수 있었다면 어떻게 되었을지는 아무도 모르는 일이다. 하지만 나는 (문제의 밈이 없었다는 것으로 미루어) 그들 역시 결국에는 마야 등 다른 문명과 같은 길을 갔으리라고 추측한다.

문화적 오류

우리에게 문명은 어떤 대가를 치르더라도 계속되어야 하고, 어떤 상황에서도 포기해서는 안 된다고 여겨진다. 이는 두 지점을 최단 거리로 연결하는 것은 직선이라는 사실과 마찬가지로 자명해 보인다. 인류는 당연히 이런 밈을 갖고 있다고 생각한다.

우리는 인류가 이 밈을 머릿속에 가진 채 태어난다고 상상한다. 호모 하빌리스Homo habilis는 문명화해야 한다는 것은 알고 있었으나 그것을 실행할 지력이 없었다. 호모 에렉투스Homo erectus는 문명화해야 한다는 것을 알고 있었으나 거기에 필요한 기술이 없었다. 호모 사피엔스Homo sapiens는 문명화해야 한다는 것을 알고 있었으나 무엇을 해야 할지를 몰랐다. 호모 사피엔스 사피엔스Homo sapiens sapiens는 문명화해야 한다는 것을 알고 있었고, 그것을 위한 지력과 기술을 갖고 있었으며, 농경이 필요하다는 사실을 깨닫자마자 농사를 짓기 시작했다. 당연히 호모 사피엔스 사피엔스는 문명이 어떤 대가를 치르더라도 계속되어야 하며 어떤 상황에서도 문명을 포기해서는 안 된다는 점을 알고 있었다.

그렇다면 신대륙 문명 건설자들에게는 무엇이 잘못되었던 것일까? 우리는 그들에게 무언가 신비스러운 점이 있었다는 인상을 지우기 어렵다. 어떤 상황에서도 문명을 포기해서는 안 된다는 점을 그들도 알고 있었을 텐데(자명한 사실이 아닌가?) 그런데도 그들은 문명을 버리고 말았으니까.

이런 생각은 문화적 오류Cultural Fallacy의 한 예가 된다. 우리 문화의 밈은 인간의 마음 그 자체에서 유래한 것이므로, 만약 그 밈을 갖고 있지 않다면 그들은 뭔가 잘못된 것이라는 문화적 오류다.

당연히 이런 생각 자체도 하나의 밈이다.

'잃어버린 문명'의 또 다른 미스터리

신대륙 문명 건설자들에 얽힌 첫 번째 미스터리는 알아보기 쉽다. 왜냐하면 그들이 한 일 자체가 미스터리인 까닭이다. 두 번째 미스터리는 식별하기가 좀더 어렵다. 그들이 하지 않은 일이 미스터리이기 때문이다. 그것은 그들이 세계를 정복하지 않았다는 사실이다.

마야 문명의 전성기에 마야인들이 차지한 땅은 애리조나주 정도에 불과했다. 우리 문명이 그와 유사한 발전기에 달했을 무렵, 우리는 중동 전체와 유럽, 인도 및 동남아시아 대부분 지역을 점령했다. 마야인들이 하려고 마음만 먹었으면 마야가 북으로 혹은 남으로 뻗어나가는 것을 저지할 만한 무장 세력이 주위에는 없었다. 마야인들은 그러려고만 했다면 자신들이 수천 년간 살아온 지역이 있는 반구 전체를 문명화할 수도 있었다. 기묘하고도 의문스럽게도 그들은 그런 선택을 하지 않았다.

올멕 사람들 역시 코네티컷주보다 더 작은 고향 땅으로 만족했다. 테오티우아칸도 마찬가지였다. 그들의 수도가 로스앤젤레스 한가운데 있었다 치면, 테오티우아칸의 지배 영역은 시 경계에도 미치지 못했을 정도로 작았다.

이 사람들은 어디가 잘못된 것일까? 우리가 가진 것 가운데 그들에게 없는 것은 무엇일까?

계속 진행하며 추측해 보자.

잃어버린 밈

신대륙에 먼저 발을 들여놓았던 군인들과는 달리, 이주자들은 국경을 뒤에 매달고 신대륙으로 오지는 않았다. 그들이 매달고 있던 것은 공통적인 문화적 경계였다. 이 경계 안에서 유럽에서 온 사람들, 근동에서 온 사람들, 극동에서 온 사람들이 나란히 평화롭게 자리 잡았다. 그들은 문화적으로 태생이 같았기 때문이다. 영국에서 왔던, 중국, 터키, 러시아, 아일랜드, 이집트, 태국, 덴마크에서 왔던 경계 바깥에 있는 야만인들과 비교해 그들끼리 닮은 점이 훨씬 많았다. (따라서 그들은 노예사냥을 할 때 당연히 경계 바깥으로만 향했다.)

이것은 신대륙에서만 일어난 일이 아니다. 처음부터 항상 이런 방식으로 진행되었던 것이다. 비옥한 초승달지대Fertile Crescent*를 중심으로 사방으로 뻗어나간 경계선은 국경이 아니라 문화적 경계

---

* 나일강과 티그리스강, 페르시아만을 연결하는 고대 농업지대.(옮긴이)

였다. 구세계를 정복한 것은 군인들이 아니라 농부들이었다. 농부들은 이웃을 가르쳤고, 그들은 자신들의 이웃을, 그들은 또 자신들의 이웃을 가르치며 메시지를 계속 밖으로 전달했다. 경계선은 계속 확장되어 지구 반대편에 있는, 아직 발견되지 않은 신대륙을 빼놓은 거의 모든 곳을 포함하게 되었다.

우리가 신대륙으로 가지고 들어간 밈은 조금도 새로운 것이 아니었다. 우리는 역사가 시작한 때부터 그것을 퍼뜨려왔다. 그것은 우리의 방식이 '올바른' 생활 방식이며, 모든 사람들은 우리처럼 살아야 한다는 밈이다. 이 밈을 가지고 있었기에 우리는 세계를 향한 문화적 전도사가 되었다. 마야와 올멕 사람들에게는 이 밈이 없었으므로 그들은 그렇게 하지 않았다.

성스러운 작업

콜럼버스가 대서양을 가로질러 서쪽을 향해 떠났을 때 그가 목표로 한 것은 식민지로 삼을 텅 빈 대륙이 아니었다. 콜럼버스는 동양과 통하는 교역 항로를 찾고 있었다. 만약 그가 아메리카가 아니라 실제로 아시아에 가닿았다면 유럽인들은 "동양인들과 뭔가 사업을 해보자"고 생각했을 것이다. 유럽인 그 누구도 "그곳으로 가서 동양인들을 쫓아버리고 아시아를 우리 것으로 만들자"는 생각은 꿈에도 하지 않았을 것이다.

하지만 콜럼버스는 아시아가 아니라 아메리카에 가닿았고, 거기서 그는 (얼마 안 되는 야만인들을 제외하면) 아무도 그 땅에 살지 않는다는 것을 발견했다. 유럽인들은 이 소식을 듣고 "그 야만인들과 뭔가 사업을 해보자"는 생각은 하지 않았다. 그들은 "그곳으로 가서 야만인들을 쫓아버리고 아메리카를 우리 것으로 만들자"고 생각했다. 그것은 강탈이 아니라 성스러운 의무였다. 농부가 들판을 고르고 쟁기질을 할 때, 그곳에서 살고 있던 야생동물들에게서 들판을 빼앗았다고 생각하지는 않을 것이다. 농부는 그것을 훔친 것이 아니라 신이 처음부터 의도하신 대로 들판을 사용한 것이다. 그가 경작을 시작하기 전에 그 들판은 그냥 허비되고 있었을 따름이다. 이것이 이주자들이 신세계를 바라본 방식이다. 토박이들은 모든 것을 허비하고 있었을 뿐이기에 그들에게서 그것을 빼앗아 쟁기질을 시작하여 성스러운 작업을 수행했다.

신대륙은 칼로 무너진 게 아니라 밈으로 무너졌다.

피라미드의 일꾼들

중앙아메리카에서 피라미드를 만든 일꾼들이 이집트의 피라미드 일꾼들보다 더 비참하지는 않았다. 중앙아메리카의 일꾼들은 자신들이 비참한 삶에 대한 대안을 갖고 있다고 인식했을 따름이며, 그래서 결국 (떠나버린다는) 대안을 실행했다. 우리는 그렇지 않았다. 그래서 우리는 계속 부지런히 일했다. 여기에 지구라트ziggurat*를 만들고, 저기에 만리장성을 쌓고, 여기에 방어 탑을 세우고, 저기에 마지노선을 그었다. 그런 일은 계속 이어졌고 지금도 마찬가지다. 지금 우리의 피라미드는 기자Giza나 사카라Saqqara가 아니라 엑슨, 듀폰, 코카콜라, 프록터&갬블, 그리고 맥도날드에 세워지고 있다.

나는 많은 학교를 방문했다. 학생들과 이야기를 하다보면 결국

---

* 메소포타미아 지역에서 발견되는 고대 건축물. 하늘의 신과 지상을 연결시키기 위해 세운 것으로, 점점 좁아지는 사각형의 테라스를 겹쳐 쌓고 최상층에 직사각형 신전을 만드는 것이 전형적인 방식이다.(옮긴이)

그들에게 이렇게 묻게 된다. 부모님들이 평생을 바쳐 일한, 또 그 부모님들의 부모님들이 일한 그 피라미드로 가서 빨리 일하고 싶어 몸이 근질근질한 사람이 많으냐고 말이다. 이 질문을 받으면 그들은 불편해한다. 학교 밖의 진짜 세계로 나가 햄버거를 뒤집고, 가스를 뽑아내고, 상점 선반에 물건을 쌓는 일을 할 생각을 하면 감격해야 한다는 것을 알고 있기 때문이다. 부모와 교사와 교과서 등등, 모든 사람들이 학생들에게 너희는 지구상에서 가장 운 좋은 아이들이라고 말해왔다. 그래서 그들은 내 말에 손사래를 치며 거부감을 표시하지 않으면 배신자가 된 듯한 느낌을 받는다. 하지만 그들은 내 말을 부정하지 않는다.

파라오들

쿠푸Khufu 왕이 기자에 자신의 대 피라미드를 세우는 데는 23년이 걸렸다. 대개 1년에 4개월 정도 계속된 건축 시기에는 날마다 평균 무게 약 2.5톤의 석재 1,100개를 쪼아내고, 이들을 옮겨서 정해진 위치에 쌓았다. 이런 사실에 주목한 사람들은 파라오가 이집트 일꾼들에게 철권통치를 행한 훌륭한 증거라고 해석한다. 내 의견은 다르다. 파라오 쿠푸는, 파라오 빌 게이츠 Bill Gates가 마이크로소프트Microsoft의 일꾼들에게 행사하는 정도 이상의 통제를 기자의 일꾼들에게 할 필요가 없었다. 상대적인 이야기지만, 이집트의 일꾼들은 쿠푸의 피라미드를 만들면서 마이크로소프트 직원들이 빌 게이츠의 피라미드(돌로 만들어지지는 않았지만 쿠푸 피라미드보다 규모가 몇백 배는 더 크다)를 건설하면서 얻는 만큼을 얻었을 것이다.

사람들이 피라미드 건설 이외의 다른 대안이 없다고 생각한다면, 그들을 피라미드 일꾼으로 만들기 위해 특별한 통제가 필요한 것은 아니다. 그들은 만들라고 말하면 뭐든 만들 것이다. 피라미드든, 주차장이든, 컴퓨터 프로그램이든 말이다.

   칼 마르크스Karl Marx는 선택권이 없는 노동자를 사슬에 묶인 노동자로 인식했다. 하지만 사슬을 깨트리자는 마르크스의 제안은 파라오들을 내쫓고 우리 자신을 위한 피라미드를 만들자는 것이었다. 피라미드 건축이 도저히 중단할 수 없는 어떤 일인 것처럼 말이다. 우리는 피라미드 쌓기를 그토록 좋아하는 것이다.

마야식 해결책

석재를 끌고 다니던 이집트시대 일꾼들 사이에서 그랬던 것처럼, 문제의 밈은 우리 사이에서도 강하게 자리 잡고 있다. 어떤 대가를 치르더라도 문명은 계속되어야 하며 어떤 상황에서도 문명을 포기해서는 안 된다. 우리는 인간이라는 종 자체가 살 수 없을 정도로 세계를 파괴해 왔고, 멸종을 향해 무모하게 치달리고 있다. 그렇다고 해도, 어떤 대가를 치르더라도 문명은 계속되어야 하며 어떤 상황에서도 문명을 포기해서는 안 된다.

이 밈은 이집트 파라오시대나 중국의 한나라시대, 중세 유럽에서는 치명적이지 않았다. 하지만 우리에게는 치명적이다. 문자 그대로, 우리 자신이냐 이 밈이냐를 선택해야 한다. 둘 중 하나는 죽어야 한다. 그것도 멀지 않은 시기에 말이다.

하지만…

하지만…

그렇다고 해도… 이봐요, 퀸 선생. 동굴 생활로 돌아가 창을 들고 나가서 저녁거리를 마련해야 된다는 뜻은 분명히 아니겠지요?

  나는 결코 그런 것을 제안한 적이 없다. 그와 엇비슷한 것도 제안한 적 없다. 우리가 처한 상황을 현실적으로 고려할 때, 수렵-채취 생활로 돌아가자는 것은 날개를 돋아나게 해서 하늘로 날아가자는 것처럼 어리석은 생각이다. 우리는 피라미드를 떠날 수 있다. 하지만 정글 속으로 사라져버릴 수는 없다. 우리는 마야식 해결책을 따를 수가 없다. 정글 자체가 이미 사라졌으며 우리의 인구가 60억이 넘는다는 간단한 이유 때문이다. 과거로 돌아간다는 해결책은 잊자. 과거는 없다. 과거는 지나가버렸다.

  그런 방법이 아니어도 우리는 피라미드를 떠날 수 있다.

제3부
피라미드에서 떠나기

나는 초월超越을 구하러 나갔다.

그리고 전화기 한 대를 가지고 돌아왔다.

― 앤서니 위어 Anthony Weir

나는 스물두 살이다. 이제 더 이상 기다릴 수 없다.

― 스콧 밸런타인 Scott Valentine

피라미드를 넘어서

피라미드를 떠났다 하더라도 정글 속으로 들어가 버릴 수는 없다. 그렇다면 도대체 우리는 무엇을 할 수 있을까? 고릴라 현자 이스마엘은 이 질문에 "너는 네가 창의력이 풍부하다는 점에 자부심을 느끼고 있어. 그렇지 않아? 그러니까 새로운 걸 만들어 봐"라고 대답했다. 예상대로 그의 제자는 그것은 답이 될 수 없다고 생각하고 어깨를 으쓱하며 무시해 버렸다. 분명히 독자들도 마찬가지일 것이다. 왜 이스마엘의 답은 답이 될 수 없는가? 그것은 문명에 대한 우리의 밈 속에 문명은 인류의 '궁극적인' 발명품이며 그보다 나은 것은 있을 수 없다는 또 다른 밈이 내재되어 있는 탓이다. 문명이 어떤 대가를 치르더라도 계속 진행되어야 하는 이유도 이것이다. 문명보다 더 나은 발명품은 가능하지 않기 때문이다. 만약 우리가 문명을 포기한다면(헉!) 우리는 끝장이다

우리에게 미래가 있다면, 우리의 첫 번째 발명품은 밈을 없애는 것meme-killer이어야만 한다. 우리는 문명이 최상의 발명품이라는

믺, 우리 자신과 우리 주변의 사람들 속에 있는 그 믺을 반드시 파괴해야 한다. 결국엔 그저 믺에 불과할 따름이다. 우리 문화에만 특유한 하나의 관념일 뿐이다. 그것은 물리학적인 법칙이 아니라 우리가 믿도록 배워왔고, 우리 부모가 믿도록 배워왔고, 그들의 부모, 또 그들의 부모, 또 그들의 부모가 기자와 우르Ur, 모헨조다로Mohenjo-Daro, 크노소스Cnossos 때부터 줄곧 그렇게 배워온 관념일 뿐이다.

믺을 없애기 위해서는 또 다른 믺이 최고다. 이런 믺은 어떨까? 문명보다 더 '좋은' 어떤 것이 우리를 기다리고 있다.

무언가 훨씬 더 좋은 것 말이다. 피라미드를 쌓기 위해 돌덩이를 질질 끌고 다니는 것이 즐겁다는 그런 희귀종 인간이 아니라면 말이다.

사회 조직과 자연 선택

사람들은 벌들이 자신들에게 알맞은 방식으로 조직화되어 있다거나, 늑대들이 자신들에게 알맞은 방식으로 조직화되어 있다거나, 고래들이 자신들에게 알맞은 방식으로 조직화되어 있다는 얘기는 당연하게 받아들인다. 대부분의 사람들은 특정 생물종의 사회 조직은 그 종이 진화한 방식에 발맞춰 발전해 왔다는 사실을 알고 있다. 제대로 작동하지 않는 사회 조직은, 기능적으로 도움이 안 되는 신체 기관과 정확히 같은 방식으로 제거되어 왔다. '자연 선택'이라 알려진 과정을 통해서 말이다.

똑같은 과정을 통해 인류가 진화하는 300, 400만 년 동안 인간의 사회 조직이 형성되어 왔다는 생각에 대해서는 기묘하고 검증되지 않은 편견이 존재한다. 날카로운 발톱이나 보호색이 그것을 가진 동물에게 유리하게 작용하기 때문에 지금까지 전해진다는 점에 대해 아무도 의심하지 않지만, 인간의 사회 조직이 똑같은 이유로 지금까지 존속되었다는 사실에 대해서는 많은 사람들이 쉽사리 인정하지 못한다.

정의 및 사례

생활 방식 Lifestyle : 한 집단이나 개인이 생계를 꾸리는 방식. 수렵과 채취는 하나의 생활 방식이다. 필요한 식량을 모두 직접 재배하는 것도 생활 방식이다. 썩은 고기를 먹는 것도 (예를 들어 독수리에게는) 생활 방식이며, 약탈도 (고릴라에게는) 생활 방식이다.

사회 조직 Social organization : 한 집단이 자신의 생활 방식을 실행하는 데 도움되는 협력 구조. 흰개미 떼는 재생산 담당(여왕과 왕), 일꾼, 병사, 이렇게 세 가지 층위의 위계 조직으로 구성되어 있다. 수렵-채취로 생활한 인류는 부족으로 조직화되었다.

문화 Culture : 언어와 선례를 통해 한 세대가 다른 세대로 전하는 것들의 총체. 브라질의 야노마미족과 아프리카 부시먼족은 똑같은 생활 방식(수렵과 채취), 공통적인 사회 조직(부족)을 갖고 있었지만 문화는 (아주 일반적인 점을 제외하면) 달랐다.

🏠 수수께끼 같은 지속성

우리 문화의 비전은 자신들이 보는 우주가 최종적 형태이며, 처음부터 그런 형태로(말하자면 단숨에) 시작되었다는 생각에 완전히 만족하는 사람들이 형성했다. 성서 창세기에 나오는 창조 이야기가 이런 생각을 만들어낸 것이 아니라, 그 생각을 더 확고하게 만들었을 뿐이다. 신이 천지를 만들었고, 더 이상 손댈 필요가 없다고 하셨다. 그러면 된 것이다.

우리가 그런 관념을 포기하기란 쉽지 않다. 실제로 많은 사람들은 진화론에 관해 이야기할 때조차 그런 관념에 매달려 있다. 우리 문화의 역사학자들이 신대륙 문명이 사라진 것을 미스터리로 여기는 이유도 그 때문이다. 그들의 근본적인 세계관이 아리스토텔레스학파가 아니라 다원주의에 철저히 입각한 것이라면, 문명이 사라졌다는 사실 속에서 단순히 자연 선택이 작동했을 뿐이라는 점을 깨달았을 테고, 그랬다면 미스터리의 안개는 걷혔을 것이다.

이 행성에서 인류의 역사가 300, 400만 년 동안 이어지는 동안,

분명히 수천 번의 문화적 실험이 행해졌을 것이다. 성공한 문화들은 살아남았고 실패한 문화들은 사라졌다. 실패한 문화를 지속시키려는 사람 옆에는 결국 아무도 남지 않았으리라는 단순한 이유 때문이다. 사람들은 (대개) 비참한 상태를 아주 오랫동안 견딜 수 있지만 끝까지 그럴 순 없다. 이상한 것은 문명을 중도에 그만둔 사람들이 아니라 바로 우리들이다. 우리는 어떤 대가를 치르더라도 우리의 불행을 지속시켜야만 한다고, 대재앙에 직면해 있으면서도 그것을 포기해서는 안 된다고 우리 자신을 어떻게든 고집스레 설득하고 있는 것이다.

적절한 것 이상을 원한 사람들

완전한 농경민이 되기 이전에, 마야인과 올멕인을 비롯한 신대륙 사람들은 수렵-채취 혹은 농경과 약탈을 겸한 생활을 했다. 그들이 결국 전적으로 농경 생활을 하게 되었다는 사실은 이전의 생활 방식에 완전히 만족하지 못했다는 점을 보여주는 것이 아닐까? 분명히 그런 점을 암시하고 있다.

어떤 시점이 되자, 모든 식량을 경작을 통해 해결하자는 생각이 전통적 방식보다 더 매력적으로 여겨졌다. 이는 그들이 이전의 생활에 염증을 느꼈다는 뜻이라기보다는 농경 생활이 더 장래성 있다고 판단했음을 의미한다. 이때 그들은 농경 생활을 향한 모험을 하나의 실험이 아니라 영원하고 돌이킬 수 없는 선택으로 생각했을 가능성이 절대적이다. 만약 그렇다면, 이는 그 과정에 자연 선택이 적용되었음을 부인하는 것이 아니라 오히려 그것을 더 강조해 준다. 그들 한 사람 한 사람은 전통적 생활 방식을 버리고 자신들이 원하는 것 이상을 약속해 주는 듯한 혁신 쪽을 선택했다. 혁신이 그들이 원하는 것에 미치지 못하는 것만을 가져다주었을 때 그들은 그것을 버리고 이전의 생활 방식으로 돌아갔다. 그들 한 사람 한 사람이 행한 혁신은 시험을 통과하지 못한 것이다.

하지만 이 사실은 그들의 전통적 생활 방식이 결코 완벽하지 못했음을 뜻하는 것이 아닐까? 분명히 그렇다. 하지만 자연 선택은 작동하지 않는 것에서 작동하는 것을 분리해 내는 과정이다. 불완전한 것과 완전한 것을 구분하는 일이 아니다. 진화가 가져온 그 무엇도 완벽한 것은 없고, 개량하는 것이 지독하게 어려울 뿐이다.

제대로 기능하는 부족주의

앞에서도 말한 것처럼 군집 생활이 벌과 개코원숭이, 늑대 들에게 잘 맞는다고 할 때는 아무 문제가 없다. 하지만 부족 생활이 인간에게 잘 맞는다는 말을 하면 히스테리에 가까운 격분을 불러일으키게 된다. 그 말을 공격하는 사람들은 실제로 들은 얘기를 비난하는 것이 아니라, 자신이 들었다고 생각하는 말 때문에 격분한다. 그들은 부족 생활이 '완전하다'거나 '목가적이다'거나 '고결하다'거나, 아니면 단순히 '멋지다'는 말을 들었다고 생각한다. 정말 그런 말을 했는지 안 했는지는 중요하지 않다. 상대는 분명 그런 말을 들었다고 여기고 분노에 불탄다.

부족 생활은 실제로 완전하지도, 목가적이지도, 고결하지도, 멋지지도 않다. 하지만 외부의 간섭 없이 부족 생활이 영위되는 곳에서는 어디에서든 (도마뱀, 너구리, 거위, 딱정벌레 등과 마찬가지로) 제대로 잘 작동하고 있다. 부족의 구성원들은 대개 화가 나 있지 않고, 반항적이지 않으며, 절망적이지 않다. 범죄와 증오와 폭력으로 갈가리 찢겨 정신병의 경계선에 놓일 정도로 스트레스에 시달리지 않는다. 인류학자들의 발견에 따르면, 부족 사람들이 우리보다 더 고결하거나 상냥하거나 현명한 것은 아니다. 그들은 우리와 마찬가지로 비열하고, 불친절하고, 근시안적이며, 이기적이고, 둔감하고, 고집스럽고, 성마르다. 부족 생활을 한다고 성자가 되는 것이 아니다. 다만 부족 생활은 보통 사람들이 최소한의 스트레스만 받으며 해를 거듭하고 세대를 거듭하며 함께 생계를 꾸려나가는 것을 가능하게 한다.

🏠 뭘 기대하는 겁니까?

인류는 300, 400만 년 동안 진화해 왔다. 여기서 제대로 기능하는 사회 조직 말고 무엇을 기대할 수 있겠는가? 잘 돌아가는 사회 조직이 없었다면 호모 하빌리스는 어떻게 생존했을까? 잘 돌아가는 사회 조직이 없었다면 호모 에렉투스는 어떻게 살아남았을까? 자연 선택이 호모 하빌리스와 호모 에렉투스에게 제대로 기능하는 사회 조직을 선사했다면 호모 사피엔스에게도 당연히 그것을 주었을 것이다. 인류는 아마 지난 300, 400만 년 동안 다양한 사회 조직을 시험해 보았을 것이다. 그런데 그중 어떤 것도 살아남지 못했다. 인류가 다른 사회 조직들을 시험해 보았다는 것을 우리는 실제로 알고 있다.

마야인들이 한 가지를 시도했다. 3,000년이 지난 뒤 그들은 그것이 작동하지 않는다는 것을(적어도 부족주의만큼 제대로 기능하지 않는다는 것을) 발견했다. 그들은 부족주의로 되돌아갔다.

올멕인들이 한 가지를 시도했다. 3,000년이 지난 뒤 그들은 그것이 작동하지 않는다는 것을(적어도 부족주의만큼 제대로 기능하지 않는다는 것을) 발견했다. 그들은 부족주의로 되돌아갔다.

테오티우아칸인들이 한 가지를 시도했다. 500년이 지난 뒤 그들은 그것이 작동하지 않는다는 것을(적어도 부족주의만큼 제대로 기능하지 않는다는 것을) 발견했다. 그들은 부족주의로 되돌아갔다.

호호캄인들이 한 가지를 시도했다. 1,000년이 지난 뒤 그들은 그것이 작동하지 않는다는 것을(적어도 부족주의만큼 제대로 기능하지 않는다는 것을) 발견했다. 그들은 부족주의로 되돌아갔다.

아나사지인들이 한 가지를 시도했다. 400년이 지난 뒤 그들은 그것이 작동하지 않는다는 것을(적어도 부족주의만큼 제대로 기능하지 않는다는 것을) 발견했다. 그들은 부족주의로 되돌아갔다.

그들이 행한 실험 중 그 무엇도 지금까지 남아 있는 것은 없다. 하지만 부족주의는 다르다. 결국 그것이 자연 선택의 결과인 것이다.

그게 그렇게 좋다면…

내 애기를 싫어하는 사람들은 이렇게 말하며 내게 맞선다. "부족 생활이 그렇게 좋다면 아예 창을 들고 동굴에서 살지 그래요?"

부족 생활은 창이나 동굴의 문제, 수렵-채취의 문제가 아니다. 수렵-채취는 생활 방식이자 직업이고, 생계를 유지하는 방법이다. 부족은 특정 직업을 가리키는 말이 아니다. 부족은 생계유지를 보다 손쉽게 하는 하나의 사회 조직이다.

집시를 내쫓지 않는 곳이 있다면, 그곳에서 그들은 부족 생활을 한다. 그렇다고 집시가 수렵-채취 생활을 하는 것은 아니다.

서커스단 사람들도 부족 생활을 한다. 역시 그들도 수렵-채취로 살아가지 않는다. 수십 년 전만 해도 극장 흥행단, 카니발 등 부족 형태의 조직 생활을 하는 다양한 이동 공연단이 있었다.

사람들이 부족 생활을 좋아하는 이유

부족은 구성원들을 위해 존재한다. 또한 구성원 한 사람 한 사람을 위해 존재한다. 부족의 성공에는 모든 사람들이 관련해 있다고 인식하기 때문이다. 텐트를 세울 때, 서커스단에서는 텐트 조립을 맡은 사람이 가장 중요하다. 무대를 꾸밀 때는 그 일을 담당한 사람이 가장 중요하다. 쇼가 시작되면 연기자들과 동물들이 가장 중요하다. 서커스 생활에서는 하나하나의 국면이 그렇게 진행된다.

수렵-채취 생활을 하는 사람에게 성공은 돈과 전혀 관계가 없다. 서커스 단원들은 어떨까? 그들도 물론 서커스 단원들도 쇼를 계속하기 위해서는 돈을 벌어야 한다는 사실을 알고 있다. 그러나 그들의 생계를 보장하는 것은 서커스이지 돈이 아니다. 이는 그들이 돈을 벌기 위해 서커스를 계속하는 것이 아니라는 뜻이다. 그들은 서커스를 계속하기 위해 돈을 번다.(화가라면 돈을 벌기 위해 그림을 그리는 것과 그림을 그리기 위해 돈을 버는 것 사이에는 차이가 있다는 사실을 알 것이다.)

부족은 그들이 필요로 하는 것을 제공해 준다. 그러므로 부족이 사라지면 모든 사람들이 곤경에 처한다. 서커스 소유주가 돈을 벌지 못하면 쇼를 열지 못하기 때문에 모든 사람들은 그가 돈을 많이 벌기를 바란다. 서커스 소유주부터 솜사탕 판매원에 이르기까지, 모든 사람들이 전체의 성공과 이해관계를 맺고 있다.

부족 생활이 먼 옛날에만 있었다거나 수렵-채취와 동의어가 아니라는 점을 강조하기 위해 서커스를 예로 들었다.

'서커스'와 같은 것이 실제로 있을까?

'연극'과 '오페라', '영화' 같은 것들이 있듯이 '서커스'와 같은 것도 분명히 존재한다. 문제는 그것이 정말로 부족적인가 하는 점이다.

서커스가 부족적이라는 사실은 특정 서커스가 부족적 성격을 버렸을 때 나타나는 현상을 눈여겨보면 알 수 있다. 링글링 브라더스 앤드 바넘&베일리 서커스Ringling Bros. and Barnum&Bailey Circus의 역사는 서커스 부족의 역사 그 자체다. 하지만 지금 서커스단은 단순한 거대 사업체일 뿐이며, 거대 기업인 제너럴 모터스General Motors나 유나이티드 항공사United Airlines에 뒤지지 않을 정도로 엄격한 계층 조직이다. 아이스 캐페이즈Ice Capades*의 쇼를 부족 공연과 혼동할 사람은 아무도 없을 것이다. 요즘의 서커스단은 처음부터 거대 사업으로 출발해 계속 거대 사업체로 존속하고 있다.

---

* 유명한 아이스 스케이팅 공연단.(옮긴이)

많은 소규모 사업체들은 몇몇 사람들이 파트너가 되어 가진 모든 것을 쏟아 붓고 굶어죽지 않을 정도로 최소한의 것만 가져가는, 그런 부족적 방식으로 시작되었다. 하지만 조직에 인습적인 위계질서가 세워지면 부족적 성격은 급속히 사라진다. 조직이 부족적 성격을 유지하며 발전했다고 하더라도 새로운 구성원들이 늘어나면서 규모가 커지면 부족적 성격을 잃어버리는 위험을 무릅쓸 수밖에 없다. 일정한 규모에 도달하면 조직은 성장을 멈추든지 부족들의 부족a tribe of tribes이 되든지 둘 중 하나를 선택해야 한다. 오늘날 대도시에서 공연하는 서커스단을 보면 부족들의 부족이 어떤 것인지 쉽게 이해할 수 있다.

부족은 생계를 유지하기 위해 동등한 입장에서 함께 일하는 사람들의 연합이다. 부족들의 부족은 생계를 유지하기 위해 동등한 입장에서 일하는 부족들의 연합이다. 부족들의 부족에서는 연합 조직의 지도자와 마찬가지로 각 부족에도 각각의 지도자가 있다.

서커스 단원들은 부족민이다

부족 생활을 하는 사람들이 다음 세대에 전해주는 것은 이미 만들어진 재산이 아니라 생계를 유지하는 데 의지가 되는 방법이다. 이런 이유 때문에, 양조업자인 부시Busch 일가*는 혈연 공동체인 씨족이지 부족이 아니다. 현재의 부시 일가 사람들이 선대에게서 물려받은 것은 생계를 꾸려나갈 방법이 아니라 이미 만들어진 재산이었고, 그들은 그것을 다음 세대에 물려줄 것이다.

이와는 반대로, 세계 최고의 서커스단으로 명성을 떨치고 있는 그레이트 왈렌다스Great Wallendas의 단원들은 다음 세대에 물려줄 수십억 달러 규모의 기업을 갖고 있지 않다. 그들이 물려줄 것은 먹고살기 위한 방법이다. 그것은 이미 만들어진 것이 아니다.(오거스트 부시 3세의 경우에는 원하지 않는다면 평생 동안 단 하루도 일하지 않

---

* 버드와이저Budweiser 맥주 등을 생산하는 세계적인 맥주 기업 앤호이저 부시Anheuser-Busch를 창립한 일가.(옮긴이)

아도 괜찮다.) 수렵-채취인의 후손들이 이전 세대에게서 물려받은 것이 수렵과 채취에 관한 지식과 기술이었음과 마찬가지로(하지만 그들은 살아가기 위해 그들 자신의 힘으로 사냥하고 채취해야 했다), 차세대 왈렌다스 단원들은 서커스 공연의 지식과 기술을 물려받는다. (그러나 역시 살아가기 위해서는 결국 그들 자신이 공연해야 한다.)

혈연으로 연결된 부족에서는 3대, 4대가 나란히 함께 일하는 모습이 흔히 나타난다. 왈렌다스와 같은 서커스 부족에서도 마찬가지다. 열두 살 난 아우렐리아 왈렌다스Aurelia Wallendas가 서커스단 제6세대인 마흔일곱 살의 삼촌 알렉산드르 사샤 파블라타Alexandre Sacha Pavlata와 함께 구름 그네 묘기를 펼치는 것은 그저 평범한 일이다.

"미안하지만 내 생각은 달라요!"

서커스단을 부족으로 분류하는 것이 적합하다고 생각하는 사람이 10명이라면, 잘못된 분류라거나 터무니없이 이상화시켰다고 벌떡 일어나 비난할 사람도 10명이 있을 것이다. 예컨대 서커스단은 하루나 이틀 잠깐 일하다 가버리는 임시직을 고용하는 게 일상적이라는 점이 지적될 수 있다. 이들 날품팔이 일꾼들은 부족의 구성원이 아니며 부족 구성원이 될 가능성도 지극히 낮다.(날품팔이를 하다가 부족의 일원이 되는 경우가 없지는 않지만)

규모가 작은 서커스단에서는 단원들이 모든 일을 맡아서 한다. 단원 전체가 무대를 설치하고, 매점에서 음료수를 팔고, 연기하고, 동물들과 일한다. 규모가 큰 서커스단에서는 관리자들과 연기자들, 일꾼들이 각기 다른 사회계급에 속한 듯하다. 여기서 사회계급들은 이론적으로(적어도 일부 서커스단에서는) 형제처럼 친밀한 관계가 아니다. 그렇지만 나는 이를 '사회계급'으로 보는 것이 과연 타당한지 의문을 품고 있다. 일반적인 사회 구조라면, 노동자계급은 '지배'

계급을 거꾸러뜨리기를 꿈꾼다고 가정해 볼 수 있다. 하지만 서커스단에서는 그런 가정이 통하지 않는다. 서커스 연기자들이 관리자들을 거꾸러뜨려서 뭘 얻을 수 있을까? 일꾼들이 연기자들을 거꾸러뜨려서 뭘 얻을 수 있을까? 서커스에다 '사회계급'을 억지로 끌어 붙이는 것보다는, 수족Sioux族*과 마찬가지로 서커스단도 부족들의 부족으로 생각하는 편이 더 이치에 맞을 것이다.

---

* 북아메리카의 인디언 종족.(옮긴이)

부족 이야기

1986년 7월 어느 날, 《시카고 트리뷴*Chicago Tribune*》지誌의 론 그로스먼Ron Grossman 기자는 '미국 최후의 진흙 쇼단'을 동행 취재했다. 그들은 일리노이주의 뉴윈저New Windsor에서 출발해 30마일 떨어진 워터가Wataga에 무대를 세웠다. 쇼단의 이름은 컬페퍼 앤드 메리웨더 그레이트 컴바인드 서커스 Culpepper and Merriweather Great Combined Circus였고, 연기자 여섯 명과 막일꾼 한 명, 염소 세 마리, 개 여섯 마리, 셰틀랜드종 조랑말 여섯 마리, 그리고 토비 타일러Toby Tyler*의 위대한 전통을 이어 서커스단을 따라다니는 꼬마 둘로 구성되어 있었다. 워터가의 파이어맨스 공원Firemen's Park에 가로 50피트, 세로 70피트의 천막을 치는 작업

---

* 제임스 오티스 칼러James Otis Kaler가 1880년 발표한 동화 《토비 타일러, 서커스단에서 보낸 10주일*Toby Tyler or Ten Weeks with a Circus*》에 나오는 주인공. 부모 대신 자신을 키워주는 엄한 아저씨에게 반발해 집을 뛰쳐나온 토비가 서커스단에 들어가 겪는 이야기를 그렸다. 월트디즈니가 1960년에 영화로 만들었다.(옮긴이)

제3부 **피라미드에서 떠나기**

을 하면서 서커스 소유주면서 연기 주임인 레드 존슨Red Johnson은 자신의 서커스 역사를 회상했다. 그는 아홉 살 때부터 서커스단에서 생활했다.

"어느 날 어머니가 아주 이른 아침에 날 깨우셨어요. 우리는 콜 브라더스 서커스Cole Bros. Circus가 무대를 세우는 걸 보러 갔어요. 대장간을 보고 넋을 잃었던 일이 지금도 기억납니다."

광대 B. J. 허버트B. J. Herbert와 줄타기 곡예사 짐 자잭Jim Zajack과 교대로 18파운드 무게의 망치를 휘두르며 존슨은 말했다.

"나중에 어머니는 서커스 기념책자 한 권을 내게 주셨는데, 속표지에 이렇게 씌어 있었습니다. '여기서 아이디어를 얻지 말라'고 말이죠."

자잭이 끼어들었다.

"우스운 건 언젠가 동료들이 크리스마스 선물로 내게 서커스 책을 주면서 똑같은 이야기를 했다는 거예요."

존슨은 서커스 책을 너덜너덜해질 때까지 읽고 또 읽었다. 열일곱 살이 되었을 때, 존슨은 결국 프란젠 브라더스 서커스Franzen Bros. Circus에서 여름 동안 일하려는 생각으로 집을 떠났다. 그 후 그는 쇼를 쉬는 때가 아니면 한 번도 집에 돌아가지 않았다.

존슨은 그로스먼 기자에게 이렇게 말했다.

"서커스는 유랑 부족과 같은 거예요. 일단 발을 들여놓으면 중간에 그만둘 수가 없답니다."

"여기서 당신은 무언가의 한 부분이다"

컬페퍼 앤드 메리웨더의 감독인 테렐 '캡' 제이콥스Terrell 'Cap' Jacobs는 대규모 서커스단에는 일반 사회와 '똑같은 종류의 계급'이 있다면서 그런 위계적 성격에 초점을 맞췄다.

"링글링 같이 큰 서커스단에서는 연기자들이 막일꾼들과 말을 섞는 게 위신의 문제라고 생각합니다. 각자 맡은 일이 다르다는 것이죠. 공연이 끝나면 각자 개인적인 세계로 돌아가 자신의 RV 차량에 틀어박힙니다. 여기선 달라요. 우리는 한 가족입니다. 우리는 모두 함께 일하고, 함께 공연하고, 함께 먹습니다. 그래요, 물론 서로 헐뜯기도 하고 불평도 늘어놓죠. 하지만 누구는 대장이 되고 누구는 졸개가 되어서는 안 됩니다. 민주주의적이라야 되지요."

하지만 이런 부족적 민주주의가 소규모 쇼단에서만 나타나지는 않는다. 1992년, 빅애플 서커스Big Apple Circus의 텐트 책임자(나중에 운영 매니저가 되었다) 데이비드 르블랑David LeBlanc은 이렇게 말했다.

"이곳은 완전한 공동체입니다. 나는 교외 지역에서 자랐는데, 옆집 사람들의 이름도 기억하지 못해요. 서커스단에서 생활한 지는 15년 됐는데, 여기서는 단순히 이웃에 사는 게 아닙니다. 공동 목표를 위해 함께 일하니까요. 무언가의 일부분이 되는 거죠."

르블랑은 꿈쩍도 하지 않는 텐트 말뚝을 뽑아내려고 끙끙거리는 한 여성 단원을 도와준 뒤 이렇게 말했다.

"저것이 서커스의 마음가짐이에요. 그녀는 열의를 가지고 있어요. 말뚝 뽑는 일은 자기 일과 전혀 관계가 없잖아요? 그런데도 그녀는 그냥 도와주겠다고 나선 겁니다. 여기 사람들은 무슨 일이든 기꺼이 해요. 바깥세상에서는 3시간 일한 뒤에 10분 휴식을 요구하지만, 여기서는 자기가 하는 일에 그저 헌신할 따름입니다."

🏠 부족주의와의 작별

사람들은 그 일이 덜 힘들어서가 아니라 정착해서 한 곳에 머물러 살고 싶어서 작물을 재배한다. 약탈로는 영구적인 정착 생활을 유지할 만한 식량을 얻기 힘들다. 마을을 세우기 위해서는 얼마간 곡물을 키워야 한다. 실제로 대다수 초기 정착민들이 키운 것은 바로 얼마간의 곡물이었다. 그들은 모든 식량을 재배하지는 않았다. 그럴 필요가 없었던 것이다.

시간이 흘러서 주위에 있는 모든 땅이 농경지가 되었다고 하자. 이제 식량으로 쓰고도 엄청난 양이 남는다. 비바람과 같은 자연의 힘으로부터, 다른 생물들로부터(다른 사람들까지 포함해), 그것을 보호해야 한다. 결국 곡물 창고에 자물쇠를 채워야 한다. 그 당시에는 인식되지 못했지만, 곡물 창고에 자물쇠를 잠그는 것은 부족주의의 종말과, 우리가 문명이라 부르는 위계적인 삶의 시작을 뜻한다.

곡물 창고가 생겨나면 누군가가 그것을 지켜야 한다. 그리고 이 곡물 창고의 관리인에게는 조수들이 필요해지는데, 조수들은 관리

인에 전적으로 의존할 수밖에 없다. 이제 그들은 농사를 지어 생계를 유지하지 않기 때문이다. 이런 식으로 공동체의 부를 통제하는 실력자가 전격적으로 무대에 등장하게 된다. 실력자는 충성스러운 가신들에게 둘러싸여, 왕족이나 귀족과 같은 지배계급으로 부상할 태세를 갖추게 된다.

 이런 일은 농경과 함께 다른 생계 수단을 갖고 있던 사람들이나 수렵-채취로 살아가던 사람들 사이에서는 벌어지지 않았다. (자물쇠를 채워 보관해야 할 잉여물이 없었기 때문이다.) 전적으로 농경을 통해 생계를 유지한 사람들(마야, 올멕, 호호캄 사람들 등등) 사이에서만 이런 현상이 나타났다.

부족주의에서 계층제로

무에서 ex nihilo 시작된(앞선 문명이 없는 상태에서 시작된) 역사상의 모든 문명은 계층제에 기반한 사회 조직이 확립된 상태에서 출현했다는 공통점을 지닌다. 메소포타미아에서도, 이집트에서도, 인도에서도, 중국에서도, 신대륙에서도 마찬가지였다. 어떻게 이런 주목할 만한 결과가 나왔는지는(틀림없이 자연 선택의 힘이 어느 정도 작용했을 것이다) 흥미로운 연구거리다. 하지만 내 관심사는 아니다. 왜 그런 일이 벌어졌는지에 관한 설명은 다른 사람들에게 맡겨두겠다. 어쨌든 그런 일이 벌어졌다는 사실에는 논쟁의 여지가 없다.

이 사회 조직의 대략적인 모습은 이집트 모델을 통해 널리 알려져 있다. 경제적·군사적·정치적·종교적 권력이 통합된, 고도로 중앙집권화한 국가 형태다. 파라오나 잉카Inca* 혹은 다른 신성한

---

* 잉카 제국의 황제 칭호.(옮긴이)

군주의 모습으로 체화된, 살아 있는 신성神性이 지배계급을 이끈다. 지배계급을 떠받치는 것은 궁전과 기념관, 사원, 피라미드 등을 짓기 위해 징발당한 노동력을 규제하고 감독하는 사제직 관료들이다.

부족은 오래전에 사라졌다. 수천 년 전에 사라진 것이 아니라면, 지금으로부터 수백 년 전에는 이미 사라졌다.

사람들이 계층제를 싫어하는 이유

공정을 기하기 위해서는 이 부분이 둘로 나누어져야 할 것이다. 지배자들이 왜 위계적 조직을 좋아하는지, 그리고 나머지 모든 사람들은 왜 위계적 조직을 좋아하지 않는지를 나눠서 생각해 볼 수 있다. 하지만 첫 번째 문제에 대해 정말 설명이 필요하다고 생각하지는 않는다.

(지배자들을 제외한) 사람들이 계층화한 사회를 좋아하지 않는 이유는, 그런 사회는 구성원 모두를 위한 것이 아니기 때문이다. 계층제는 지배자들에게는 믿을 수 없을 만큼의 사치와 향락을 제공해 주지만, 나머지 모든 사람들에게는 가난과 고통을 안겨줄 뿐이다. 그런 조직의 성공을 통해 지배자가 이익을 얻는 방식은 대중들이 이익을 얻는 방식과 하늘과 땅 차이다. 피라미드와 사원들은 그것을 만든 대중들의 중요성이 아니라 지배자의 중요성을 증언한다. 계층화한 사회에서는 삶의 모든 국면이 그렇게 전개된다.

서커스단과 디즈니 월드Disney World*의 차이점은, 서커스단은 부족이고 디즈니 월드는 위계 조직이라는 것이다. 디즈니 월드에서 일하는 사람들은 구성원이 아니라 직원이다. 디즈니 월드는 직원들에게 생활을 제공해 주는 것이 아니라 임금을 지급할 뿐이다. 직원들은 자기 자신을 위해 일할 따름이다. 만약 디즈니 월드가 월급을 주지 못하게 된다면 직원들은 즉시 그만둘 것이다. 디즈니 월드의 소유자들은 성공을 위해 투자했고, 성공에서 이익을 얻는다. 하지만 직원은 단순히 직원에 불과하다.

아이들은 서커스단에 들어가기 위해 집에서 도망친다. 디즈니 월드에서 일하기 위해 집을 나가는 아이는 아무도 없다.

---

* 미국 플로리다주에 있는 세계 최대 규모의 종합 휴양지. 1971년에 개장했으며 월트디즈니 프로덕션에서 경영하고 있다.(옮긴이)

하지만 부족에도 위계질서가 있지 않을까?

부족 생활이 구성원들을 위해 적절한 기능을 수행한다는 생각에 반대하는 사람들이 이런 질문을 한다. 대답은 그렇지 않다는 것이다. 부족 생활에서는 위계질서를 발견할 수 없다. 당연히 부족에도 지도자들이 있으며, 경우에 따라서는 매우 강력한 지도자가 있다. 하지만 지도층이 부족의 다른 사람들이 받지 못하는 특혜를 받는 경우는 거의 없거나 아예 없다. 그렇다면 지도자가 독재자가 되면서 '계층제로 변질된' 부족은 단 하나도 없었다는 말인가? 나는 그런 일이 분명히 벌어졌을 것이라고 확신한다. 그것도 한두 번이 아니라 수천 번 그런 일이 일어났을 거라고. 중요한 점은, 그런 부족은 살아남지 못했다는 사실이다. 이유는 간단하다. 사람들이 독재자 밑에서 사는 걸 좋아하지 않기 때문이다. 여기서도 자연 선택이 적용되었다. 독재자가 지배하는 부족은 구성원을 붙들어 매어둘 수 없고 결국 멸망한다.

서커스단에서는 모든 사람들이 단장이 거기 있기를 바란다. 사업을 돌보고, 서커스단이 흑자를 내도록 하고, 누구를 고용하고 누구를 해고할지와 같은 불쾌한 결정을 내리고, 계약을 맺고, 지역 당국과 교섭하는 그런 일을 할 사람 말이다. 단장이 없다면 서커스단은 얼마 지나지 않아 문을 닫아야 할 것이다. 하지만 단장은 단장 역할을 맡아서 일하는 한 사람의 구성원일 따름이다. 단장을 부러워하는 사람은 없다. 특별히 존경받지도 않는다. 쇼의 주역이 영광을 누리지만(급료도 가장 높고 가장 멋진 옷을 입는다), 그들 역시 지배계급과는 거리가 멀다.

계층제 속에서 멍하니 시간을 보내며

우리 문화의 피지배 계층이 마야나 올멕, 혹은 다른 문명 포기자들civilization-quitters에 비해 덜 불행한 것은 아니다. 지금에 이르러서도 문명을 중단하는 것을 철저하게 가로막는 밈들을 우리가 소유한다는(혹은 거기에 소유당한다는) 것이 그들과 우리의 차이점이다. 우리는 문명보다 우월한 것은 아무것도 없다고 철저하게 납득하고 있다. 그러므로 우리 자신이 멸종하는 대가를 치르더라도 계속 앞으로 나아갈 수밖에 없다.

문명에서 떠나는 것이 불가능하기 때문에 우리는 우리의 무기력을 합리화하기 위해 세 가지 다른 설명을 사용한다.

첫 번째 설명 : 합리화

동양인들은 자신들이 속한 계층제를 서양인들과는 다른 방식으로 합리화한다. 우리가 동서양 사이에 문화적 차이가 있다고 생각하게 되는 이유 중 하나는 이것이다. 동양인들은 윤회를 통해 업karma이 나타나는, 우주의 근본 활동에서 계층제의 원인을 찾는다. 업은 인간의 선악이 현세 및 이어지는 다음 생에서 단죄되거나 보상받는다는 개념이다. 따라서 인도 바크타푸르Bhktapur에서 불가촉천민으로 태어나 변소 청소보다 더 나은 일을 하는 것은 꿈꿀 수조차 없다고 해도, 누구도 원망할 수 없다. 불행은 온전히 나 자신의 몫이다. 나를 피하고 경멸하는 브라만들을 부러워하거나 미워할 근거가 내게는 없다. 가난과 불행이 당연히 내가 감당해야 할 몫인 것처럼, 그들은 지복과 안일함을 누릴 만하니까 누리는 것이다.

이런 식으로 사람들이 상층, 중층, 하층으로 나누어지는 것은 신성한 우주의 질서 속에서 정의가 확실하게 구현되었음을 보여준다.

그들이 잘 먹고 잘사는 것도, 내가 가난과 배고픔에 시달리는 것도 당연히 그렇게 되어야만 하는 일일 따름이다.

  어쩌면 불교는 운명을 체념하는 이런 엄숙한 자세에 위안을 제공하는지도 모른다.

두 번째 설명 : 초월

부처와 예수는 부유하고 힘 있는 사람들이 구원받기란 거의 불가능하고 가난하고 학대받는 사람들이 한결 더 잘산다고(혹은 결국 그렇게 될 것이라고) 보장했다. 부처는 가난한 사람들은 찬란한 신들처럼 아무것도 소유하지 않고 홀로 즐거움을 누리면서 가장 행복하게 살 수 있다고 말했다. 예수는 유순한 사람들이(항상 피라미드를 세우는 일을 맡게 되는 사람들이) 세상을 상속받게 될 것이며, 하느님의 왕국에서는 높은 자가 낮아지고 낮은 자가 높아질 것이라고 말했다. 하느님의 왕국은 부자가 아니라 가난한 사람들의 것이며, 지배자와 피지배자의 입장이 바뀌어 먼저 된 자가 나중 되고 나중 된 자가 먼저 된다는 것이다. 겉으로 보이는 것과는 반대로 부가 사람들을 행복하게 만들 수 없다는 점에서 예수와 부처는 의견을 같이했다. 부처는 오히려 부가 사람들을 탐욕스럽게 만든다고 설파했다. 그러므로 가난한 사람들은 부자들이 가진 보물을 부러워해선 안 된다. 그런 보물들은 항상 도둑맞거나 좀먹고 녹슬게 되어 있다. 그러므로 예수는 가난한 사람들에게 무너지지 않는 부를 천국에 쌓아야 한다고 가르쳤다.

이런 '위안'을 두고 칼 마르크스는 종교를 '인민의 아편'이라고 불렀다. 이 아편은 대중을 불행에서 끌어내려 평온한 수용이라는 천상의 세계로 끌어올린다. 지배계급의 입장에서 더욱 중요한 것은 이 아편 덕에 피지배계급의 조용하고 복종적인 상태가 유지된다는 점이다. 유순한 사람들에게 약속된 보상은 언제나 영원히 미래의 것이기 때문이다.

세 번째 설명 : 전복

하지만 천국의 꿈은 신앙의 시대가 저물면서 점차 매력을 잃기 시작했다. 대신 새로운 꿈이 나타났다. 이 지상에 천국을 만들려는 꿈이다. 혁명의 꿈, 모든 것을 뒤집어엎는 꿈, 과거의 지배자들을 몰아내고 피지배자들 중에서 새로운 지배자를 부상시키려는 꿈이다.

그런 혁명이 많이 일어났으며 특히 프랑스와 미국, 러시아에서 뚜렷하게 나타났다. 그런데 이상하게도 모든 혁명에서는 최상층부만 바뀌었을 뿐, 계층제가 그대로 유지되었다. 대중들은 여전히 날마다 무거운 돌을 질질 끌어야 하고, 피라미드는 날마다 높아지고 있다.

프랑스 철학자 시몬 베유Simone Weil는 마르크스와 의견이 달랐다. 베유는 종교가 아니라 혁명이 인민의 아편이라고 말했다. 베유는 종교와 혁명은 둘 다 인민을 이해하지 못하면서 자신의 처방이 더 낫다고 한다며 비난했다. 종교는 고통을 덜어주고 잠을 잘 수 있도록 해주는 진정제다. 혁명은 기운을 북돋아주고 활력을 느끼게 해주는 각성제다. 사람들은 아무 대안도 발견할 수 없을 때 그중 하나를 움켜쥔다. 아니면 둘 모두를 택하기도 한다. 실제로 약물은 전혀 사라지지 않고 있다. 사라지는 것과는 거리가 멀다. 일반적인 예상과는 반대로, 세계대전이 끝난 뒤에 종교는 약장수가 파는 만병통치약처럼 과거로 사라지기는커녕 오히려 기세가 더 올랐다. 혁명과 나란히 말이다. 또한 인류 역사상 가장 행복하고 번창한 국가로 여겨지는 곳에서는 반정부 테러리스트 그룹이 해마다 늘어나고 있으며 여기에 가담하는 사람도 해마다 증가하고 있다.

인민의 아편

마르크스가 유명한 선언을 썼을 당시, 아편은 많은 사람들이 상용하는 약물이 아니었다. 그는 종교가 인민의 값싼 마취제 역할을 한다는 점을 표현하려 했다. 마르크스는 아편 그 자체가(이런저런 형태의 아편들이) 마침내 사람들을 모두 중독시키는 마약이 되리란 점은 생각하지 못했을 것이다. 비용이 아무리 비싸더라도 말이다.

모든 일이 점점 더 나빠지기만 하는 탓에 우리는 위안과 망각을 선사할 것들을 점점 더 필요로 하고, 우리에게 활력과 흥분을 줄 수 있는 것을 더 많이 원하게 된다. 더 많은 종교, 더 많은 혁명, 더 많은 약물, 더 많은 텔레비전 채널, 더 많은 스포츠, 더 많은 도박장, 더 많은 포르노, 더 많은 복권, 더 많은 인터넷 접속이 필요해진다. 그래야만 삶이 끊임없는 즐거움으로 가득 차 있다고 느낄 수 있다. 하지만 그런 와중에서도 매일 아침 우리는 숙취를 떨쳐버리고 일어나서 8시간 내지 10시간 동안 즐거움 따위는 잊어야 한다. 피라미드를 쌓기 위해 할당량만큼 돌을 끌고 다녀야 하는 시간이 기다리고 있다.

어떤 삶이 이보다 더 달콤할 수 있을까?

피라미드 속에서 나는 어떻게 살았나

이쯤 되면 독자들은 나의 직업적 생활에 슬슬 호기심이 일 것이다. 독자들은 내가 돌을 질질 끌면서 괴로워했는지 궁금할 것이다. 그렇지 않다. 나는 가장 운이 좋은 부류에 속했다. 일찍이 나는 나 자신을 수레 끄는 짐승이 아니라 장인이라고 여길 수 있을 만한 그런 틈새시장을 발견했다. 다른 사람이 끄는 돌덩이를 장식하는 일에 불과하다는 말을 들을 수도 있겠지만, 어쨌든 나는 내 솜씨에 자부심을 느끼고 있었다. 나는 시카고의 스펜서Spencer 출판사가 만든 작고 멋진 피라미드 《미국인들의 백과사전The American Peoples Encyclopedia》에서 직장 생활을 시작했다. 이곳은 좀더 큰 피라미드를 만드는 곳인 그롤리어Grolier에 인수되어 뉴욕으로 옮겨갔다. 나는 시카고에 남아 과학연구협회에서 일하며 '대大 클리블랜드 수학 프로그램'이라는 피라미드에서 작업하게 되었다. 과학연구협회도 얼마 지나지 않아 더 큰 피라미드 업자인 IBM에 인수되었고, 나는 브리태니커 백과사전 교육사로 자리를 옮겼다. 나는 거기서 수학 분과의 피라미드 건축을 감독했다. 내가 마지막으로 다닌 직장은 또 다른 거대 피라미드 건설업자인 싱어 코퍼레이션Singer Corporation이었고, 나는 멀티미디어 피라미드 건축을 감독하는 일을 했다. 어느 날 사장에게 불려가서 내가 하는 작업이 "너무 훌륭하다"는 말을 듣는 것으로 나의 일은 막을 내렸다. 사장은 "그저 애들이 보는 거니까" 너무 훌륭할 필요는 없다고 설명했다. 아이들은 어차피 "그런 차이를 모른다"는 것이었다. 그때 나는 다른 사람의 피라미드에서 일하려는 내 목표가 결코 이루어질 수 없음을 마침내 깨달았다.

나만의 피라미드를 짓고 있는 중일까?

요즘 내가 하는 작업은 내가 일했던 회사들과 계약한 일감 처리다. 일은 예전에 그 회사들에서 했던 일과 조금도 다르지 않다. 똑같은 일이다… 하지만 나는 이제 내 일이 피라미드 쌓는 것과 관계가 있다고 생각하지 않는다.

문제를 내보겠다. 만약 은행계좌에 10억 달러를 넣어두고 있다면 생계를 위해 하던 일을 계속할 용의가 있는가? 정말로, 솔직하게, 진짜로? 나는 이 책을 읽고 있는 독자 가운데 10퍼센트는 그렇다고 답할 것이라 확신한다. 스티븐 스필버그Steven Spielberg와 빌 게이츠를 생각해 보면 알 수 있다.(그들은 이미 엄청난 돈을 가졌으면서도 여전히 일하기를 즐긴다.) 나 또한 그런 복 받은 10퍼센트 중 한 사람이다. 은행에 10억 달러를 갖고 있다고 해도 나는 계속 글을 쓸 것이다.

자신의 일을 사랑하는 10퍼센트의 사람들에게는 기회가 많다. 내가 열망하는 것은 그렇지 않은 나머지 90퍼센트의 사람들을 위해 얼마간의 기회를 만드는 것이다. 나는 이 세상의 스필버그들이나 게이츠들이 가진 즐거움을 빼앗으려는 것이 아니라, 그런 즐거움을 갖지 못한 사람들을 위한 탈출구를 열고 싶다. 그들은 돌이나 피라미드를 사랑해서가 아니라 그렇지 않으면 땟거리를 마련할 수 없기 때문에 돌덩이를 쌓고 있다. 우리는 축복받은 10퍼센트가 누리는 행운을 빼앗지 않고도 그들에게 운을 마련해 줄 수 있다. 하지만 그것은 우리가 문명이라 부르는 것을 넘어설 때에만 가능하다.

🏠 '문명'은 무엇을 뜻하는가?

아무래도 뜻을 파악하기 어려운 개념들이 있지만(내게는 미장센, 포스트모더니즘 등이 그렇다) 문명은 그런 단어가 아니다. 《옥스퍼드 영어 사전The Oxford English Dictionary》은 "문명화된 조건이나 상태. 인간 사회가 발전 혹은 진보한 상태"라 하여 단어 몇 개로 문명을 설명해 낸다. 《아메리칸 헤리티지 사전The American Heritage Dictionary》은 "인류 사회가 지적·문화적·물질적으로 진보한 상태로, 예술과 과학의 발전, 저술의 광범위한 이용, 복합적인 정치적·사회적 제도로 특징지을 수 있다"고 좀더 자세히 설명한다.

문명사회의 제도들이 정치적·사회적으로 '복합적인' 것이 되는 이유는 계급적 편성 때문이다. 농촌 마을들의 동맹은 정치적·사회적으로 복합적인 것이 아니므로 문명이 아니다. 수천 년이 흐른 뒤에 왕족은 직업군인들이 호위하는 궁전에서 살고, 국가종교를 운영하는 귀족과 승려 계층이 대중과 왕족 사이에서 완충 역할을 하게 된다. 이제 정치적·사회적 '복합체'라는 필요조건을 갖추게 되었다. 문명을 갖게 된 것이다.

이런 뜻에서, 부족 사회는 다른 면에서 아무리 '발전'했다 하더라도 문명이라 부를 수 있는 곳은 하나도 없다.

🏠 조각그림 맞추기

부족 생활은 자연 선택이 인류에게 준 선물이다. 늑대가 무리 짓는 것이나 고래가 떼 지어 사는 것이나 꿀벌이 집단을 이루는 것과 마찬가지다. 인류가 300, 400만 년의 진화를 거치는 동안에 부족은 잘 기능하는 사회 조직으로 부상했다. 부족 조직은 모든 구성원들에게 평등하게 작용했기 때문에 사람들은 그것을 좋아했다.

문명이 출현하는 곳에서는 부족주의가 사라지거나 계층제로 대체되었다. 계층제는 지배자들을 위해서는 훌륭한 기능을 수행했지만 사회 대부분을 구성하는 대중을 위해서는 그렇지 않았다. 이 때문에 가장 위에 있는 소수는 계층제를 아주 좋아했지만, 밑바닥의 대중은 좋아하지 않았다.

단 한 번의 예외를 제쳐둔다면, 역사상 계층제를 시도해 본 모든 사람들은 불만족스러워서 결국 그것을 폐기했다. 일부 시도는 우리가 그 사람들을 파괴했을 때 진행 중이었기 때문에 다른 결말이 되었을 수도 있지만 우리로서는 알 수 없다. 예외는 단 한 번뿐이었고, 그것이 바로 우리 자신이다. 우리는 밈들의 복합적 작용으로 인해 계층적 사회에 집착하고 있다. 그 밈들은 현재 우리가 가진 것들은 개선될 여지가 없다고, 우리가 아무리 그것을 싫어해도, 그 때문에 세계가 파괴되어 결국 우리 자신의 멸종을 초래해도 개선될 여지가 없다고 말한다. 그 밈들은 지금 우리의 삶이 처음부터 인류에게 의도된 삶이며 다른 어떤 것도 이보다 나을 수 없다고 말한다.

계층제 속의 또 다른 실험

미국 미시시피주 나체즈Natchez 인근에서 번성하다 17세기 유럽인들에 의해 존재가 알려진 나체즈족은 농촌 마을들의 연맹체와 (이집트나 마야 같은) 만개한 신정 문명의 중간쯤에 놓여 있었다. 나체즈 사람들은 3등급의 귀족과 평민 1등급으로 나뉘었다. 최상위 계층은 태양들Suns로 이들의 최고 지도자는 살아 있는 신인 위대한 태양Great Sun이었다. 그 아래에는 고귀한 사람들Nobles과 명예로운 사람들Honored People이 있었다. 최하위층 평민들은 악취를 풍기는 사람들Stinkards이었다.

나체즈의 경험에서 눈여겨봐야 할 것은, 계층 자체는 위계질서로 구분되었지만 구성원들은 그렇지 않았다는(혹은 정확히 그렇진 않았다는) 점이다. 왜냐하면 모든 귀족 계층은 최하위층 평민과 결혼해야만 했기 때문이다. 이것은 평민 입장에서는 자신의 자녀가 한 계단 위로 오른다는 뜻이고, 귀족 입장에서는 자녀가 한 계단 아래로 내려간다는 뜻이다. 세세한 점을 접어두고, 최하위 계층과 결혼해야 한다는 규칙이 가져오는 결과를 정리하면 대략 이렇다. 태양 계층의 아들은 (태양에 속하지 않고) 고귀한 사람들 계층이 된다. 그의 아들은 (고귀한 사람들 계층에 속하지 않고) 명예로운 사람들 계층이 된다. 명예로운 사람들의 아들은 악취를 풍기는 사람들 계층으로 떨어진다. 태양 계층의 증손자는 사회 계층의 가장 밑바닥까지 내려왔다. 그러면 그는 이제 태양 계층의 여성과 결혼할 자격을 갖게 되고 그의 자녀들은 태양 계층에 속하게 된다. 그렇게 해서 다시 한 번 똑같은 순환이 일어나게 된다.

시스템 문제

나체즈 시스템 속에서는 아무리 고귀한 사람이라도 부모 중 한쪽은 최하위층에 속해 있다. 또한 사회의 밑바닥에 있는 사람이라 하더라도 귀족과 결혼해서 귀족 자녀를 둘 수 있다. 이런 기묘한 시스템이 어떻게 정상적인 방식으로 발전할 수 있었는지 헤아리기는 어렵다. 나는 나체즈 시스템이 의도적으로 고안되었다고 생각한다. 다른 곳에서는 모두 폐기된 계층 시스템의 결점을 인식하고 그것을 바로잡으려 했던 것이다. 나체즈 사람들은 마야나 올멕과 같은 사회에서 문제가 된 것들을 바로잡는 방식으로서 의도적으로 그것을 선택한 듯하다. 만약 그렇다면 나체즈족이야말로 인류 사회의 발전에서 가장 위대한 발견을 한 사람들이다. 그들은 모든 구성원들이 실제로 감내할 수 있는 계층 사회를 만드는 방법을 발견한 것이다. 어떤 가족도 밑바닥에 갇혀 있지 않고 끊임없이 다른 계층으로 이동하기 때문이다. 자연 선택은 이 시스템에 생존이라는 선물을 주어 보상했을까? 나체즈족은 구성원들을 유지할 수 있었을까? 슬프게도 우리는 그 답을 결코 알 수 없다. 17세기 말에 프랑스인들이 나체즈족을 쓸어버렸기 때문이다.

이 시스템은 그럴 듯하게 보이지만 근본적인 결점을 갖고 있다. 세 가지 귀족 계층 전원이 최하위 계층과 결혼해야 하기 때문에 혼인 가능한 연령대의 악취를 풍기는 사람들 계층은 만성적으로 부족할 수밖에 없다. 이웃을 정복해 포로를 잡아와서 악취를 풍기는 사람들 계층의 수를 늘려야만 한다. 시스템 자체가 이처럼 정복 본능을 포함하고 있기 때문에 어쩌면 우리가 아니라 나체즈족이 (수천 년의 시간이 더 허용되었더라면) 세계를 정복했을지도 모른다. 그렇다면 그들은 지금쯤 우리가 겪는 그런 종류의 위기에 직면해 있을 것이다.

계층제를 넘어서

인류 역사상 출현한 모든 문명은 계층적인 것이었다. 우리가 문명이라고 부르는 것은 계층제와 손에 손을 잡고 이어져 왔다. 문명은 계층제를 의미하며 계층제를 필요로 한다. 왜 그런지를 연구하는 것은 매혹적인 작업이 될 테지만, 여기서 내 관심사는 아니다. 실제로 그렇다는 점만 알면 충분하다. 문명 없는 계층제는 있을 수 있지만, 계층제 없는 문명은 존재하지 않는다. 적어도 우리는 경험하지 못했다. 1만 년 동안 문명을 건설하는 와중에 단 한 번도 경험하지 못했다. 어디서도 계층제 없는 문명은 나타나지 않았다. 문명사회에서 산다는 것은 계층제 사회에서 산다는 것을 뜻한다.

문명을 넘어선다는 것은 따라서 계층제를 넘어선다는 뜻이 된다.

그렇다면 문명을 넘어선다는 것은 문명 파괴를 뜻할까? 절대 그렇지 않다. 그럴 이유가 없다.

모든 헌신적인 피라미드 건설자들은 문명을 끝까지 고수할 것이다. 나머지 우리는 다른 무엇인가를 원한다. 그리고 이제 우리는 우리가 원하는 것을 가질 때가 되었다.

잘못된 방향 : 포기하기

우리 삶의 불행을 보여주는 갖가지 지표들, 곧 가속화하는 사회 분열, 약물 중독, 범죄, 자살, 정신질환, 어린이 및 배우자 학대와 유기, 인종주의, 여성에 대한 폭력 등등에도 우리 문화의 대다수 사람들은 어떤 방법을 써도 우리의 생활 방식이 더 나아질 수는 없다고 철저하게 믿고 있다. 따라서 무언가 다른 것을 채택한다면 아래로 떨어진다는 뜻이다. 무엇인가를 잃고 희생하는 행동과 같다.

사람들이 내게 미래에 관한 물음을 던질 때 전형적으로 나오는 질문이 있다. 단지 멸종을 피하겠다는 이유만으로 그들이 지금 가진 온갖 멋진 것들을 '포기'하리라고 정말 믿느냐는 물음이다. 내가 (《이스마엘》에서 그랬던 것처럼) "또 다른 이야기가 상연되어야 한다"는 말을 할라치면 자발적인 가난 속에서 살아가는 불행한 반쪽짜리 삶, 환경에 지은 죄를 참회하며 삼베옷을 입고 얼굴에 재를 바르는 행동을 떠올리는 것 같다. 그들은 지속 가능한 방식으로 살아가는 방법은 무언가를 '포기'하는 것이라고 확신한다. 지속 불가능한 방식으로 살아가는 삶 역시 무언가를 포기하는 것이라는 생각은 왜 하지 못할까? 안전이나 희망, 구김살 없는 마음과 같은 아주 귀중한 것들을 포기한 셈인데, 걱정과 공포와 죄의식으로부터 자유를 포기한 것인데 말이다.

의심에 휩싸일 때면 서커스에 대해 생각해 보자. 무언가를 포기하려 서커스단에 들어가는 사람은 없다. 무언가를 얻으려 들어가는 것이다.

생활수준

인류학자 마셜 살린스Marshall Sahlins는 이렇게 썼다. "세계에서 가장 원시적인 종족들은 소유한 것이 거의 없다. 하지만 그들은 가난하지 않다. 가난은 소유물의 총량이 적음을 뜻하지 않으며 단순히 수단과 목적 사이의 관계를 의미하는 것도 아니다. 무엇보다 가난은 사람들 사이의 관계다. 가난은 사회적 지위다. 가난 그 자체는 문명의 발명품이다."

아내 레니와 나는 이 위대한 진실을 1980년대에 깨달았다. 뉴멕시코주 산골 마을인 마드리드Madrid에서 7년 동안 살았을 때의 일이었다. 얼마 안 되는 유산에 의지해 근근이 생계를 유지하면서 당시 나는 훗날 《이스마엘》이 되는 책을 쓰고 있었다. 이 시기 우리는 일반적인 기준에서 보면 가난했으나, 마드리드의 기준에서 보면 보통 수준이었다. 그 당시 마드리드에서는 모든 사람이 가난했으므로, 결국 아무도 가난하지 않은 셈이었다. 마드리드의 가계 평균 수입은 대략 3,000달러 정도로, 미국의 빈곤층 기준보다 훨씬 낮았다.

■■■■■■

하지만 마드리드에는 가난한 사람이 없었다. 누구도 가난하게 산다거나 '단순하게' 산다는 것을 자랑스럽게 여기지 않았다. 대신 모든 사람들은 독립심과 독창성, 필요한 기술을 습득하는 것, 무엇보다 자신들이 하고 싶은 일을 한다는 사실을 자랑스러워했다.

마드리드를 방문한 적이 있는 사람들은(서커스 야외 공연장을 찾아온 사람들 등등은) '침체한 지역'이라는 인상을 받았을 것이다. 사실은 정반대다. 내가 살았던 곳 중에서 마드리드가 가장 덜 침체한 지역이었다!

생활수준 : 시카고–마드리드

아내 레니와 나는 시카고에서 마드리드로 이사했을 때 생활수준이 낮아진다는 것을 어렴풋이 느꼈다. 그렇다고 해서 우리가 지구에 끼치는 해악이 줄었거나 무해하게 되었다는 뜻은 아니다. 나중에 《이스마엘》이란 이름으로 출판된 책을 쓰고 있던 당시, 우리는 비용을 절감함으로써 생활수준을 낮추었다.

산타페Santa Fe와 비교해 보면 차이가 확실해진다. 당시 산타페에서는 8만 달러를 줘도 차 한 대 들어가는, 허름한 차고를 살 수 없었다. 그런데 산타페 인근의 마드리드에서는 고속도로변에 위치한 자그마하고 멋진 주상복합건물을 상품 재고까지 포함해 3만 달러에 살 수 있었던 것이다. 가격이 그렇게 낮았다 해도 위치가 우리 생활에 적합하지 않았다면 그 건물을 사지 않았을지도 모르겠다. 그 건물은 마을의 주요 도로변에 위치해 있었고 마을 안에 있는 모든 주요 시설에(소박한 것이긴 했지만) 걸어서 갈 수 있는 거리에 있었다. 이런 측면에서 마드리드의 보금자리는 우리가 시카고에서 살

앉던 곳과 똑같았다. 우리가 살았던 시카고의 레이크 쇼오 드라이브Lake Shore Drive 역시 벨몬트 하버Belmont Harbor와 뉴타운Newtown까지 쉽게 걸어갈 수 있는 곳이었다. 시카고를 떠나 마드리드로 이사함으로써, 우리는 생활수준을 낮추어서 당시 우리에게 필요했던 것을 더 많이 얻을 수 있었던 것이다.

생활수준 : 마드리드-휴스턴

마드리드의 집에는 큰 방이 있어서(대부분의 사람들이 거실로 생각할 정도로 넓었다) 우리에게 몹시 편리했다. 우리는 그 커다란 방을 사무실 두 개로 사용했다. 서로 포개져서 일하지 않아도 될 정도로 간격을 둘 수 있었고, 그러면서도 쉽게 의사소통할 수 있을 정도로 가까워서 좋았다.

12년이 지난 지금, 우리는 도시의 주요 시설까지 쉽게 걸어갈 수 있는 위치인 주요 도로변에서 살고 있다. 이 집에도 큰 방이 있어서(대부분의 사람들이 거실로 생각할 정도로 넓다) 몹시 편리하다. 그 커다란 방을 우리는 사무실 두 개로 사용하고 있다. 서로 포개져서 일하지 않아도 될 정도로 간격을 둘 수 있고, 그러면서도 쉽게 의사소통할 수 있을 정도로 가까워서 좋다.

말할 필요도 없이, 지금 우리가 살고 있는 휴스턴Houston에서는 마드리드에서 가능하지 않았던 것들이 가능하다. 그리고 그것은 현재 우리의 상황에서 필요한 일들이며, 마드리드에서 살 때와는 필요한 것들이 달라졌다. 우리는 휴스턴으로 이사하면서 마드리드 시절에 비해 대략적으로 10배 정도 생활수준을 높였다. 그렇다고 우리가 느끼는 전반적인 행복감과 만족이 높아진 것은 아니다. 현재 우리가 더 행복해졌다고 해도(실제로 더 행복해졌다) 그것은 높아진 생활수준과는 아무 관계가 없다.

 돈을 더 많이 쓰면 확실히 더 많은 것을 얻는다. 그렇다고 해서 반드시 원하는 것을 더 얻을 수는 없다.

문명을 사랑하는 사람

내가 하는 이야기를 좋아하지 않는 사람들은 나를 단순한 문명 혐오론자로, '자연에 가까이' 살고 싶어 하는 사람으로 생각하며 자신들을 납득시키려 한다. 하지만 이런 말을 들으면 나를 아는 모든 이들은 어이가 없어서 미소 지을 것이다. 왜냐하면 나는 문명을 지극히 사랑하는 사람이고, 미국에서 네 번째로 큰 도시의 심장부에서 행복하게 살고 있기 때문이다. 내가 사는 곳 가까이에는 약국과 슈퍼마켓, 비디오 대여점, 화랑, 식당, 서점, 박물관, 수영장, 대학교, 문신 새기는 가게 등등이 걸어 다닐 수 있는 거리에 있다. (또한 나는 1년에 365일, 매 순간 순간 자연과 '가까이' 살고 있다. 누구나 어디에 살든 '자연'에 가까이 사는 일은 피할 수 없지 않은가.)

그들은 에어컨, 중앙난방, 배관 시설, 냉장고, 전화, 컴퓨터 등이 없이 과연 내가 살 수 있겠느냐고 이의를 제기하기도 한다. 그들은 내가 쓴 글에서 단 한 줄도 그런 증거로 찾아내지 못하면서도 나를 가난의 사도쯤으로 생각한다.

나는 러다이트Luddite*나 유나바머Unabomber**를 추종하지 않는다. 나는 문명을 저주가 아닌 축복으로 여긴다. 이 축복은 (나를 포함한) 사람들이 더 나은 것을 찾아 그것에서 떠나는 게 가능한 그런 축복이다. 내가 추구하는 것은 더 나은 것이지 더 못한 것이 아니다. 더 나쁜 무엇을 찾는 사람들이라면 이 책이 아니라 다른 책을 봐야 할 것이다.

---

* 1811에서 1817년에 걸쳐 영국의 직물공업지대에서 일어난 기계 파괴 운동.(옮긴이)
** 기술의 진보가 인간을 망치는 주범이라 여기고 그에 맞서 싸우려는 시도로 17년간 편지 폭탄을 보내 3명을 살해하고 29명을 다치게 만든 시어도어 존 카진스키Theodore John Kaczynski의 별명. 주로 대학과 항공사로 폭탄을 보냈기 때문에 미국 연방수사국FBI에서 유나바머university and airline bomber라는 별명을 붙였다.(옮긴이)

대안을 찾아서

어떤 사전을 찾아보아도 문명이라는 단어는 사회적으로 '진보한' 어떤 것이라는 의미를 담고 있다. 문명이 무엇과 비교해 사회적으로 진보한 것일까? 답은 단 한 가지, 부족주의와 비교해서 그렇다는 말이다. (야만은 특정 사회 조직이 아니다. 야만인은 부족민일 수도 있고, 자신보다 원시적인 문명에 속했다고 여겨지는 사람일 수도 있다.)

우리 문화의 신화 속에서, 근대 의학이 거머리나 피를 받아내는 대야를 뒤로하고 앞으로 나아간 것처럼 우리는 우리 자신도 부족주의를 뒤로하고 떠나왔다고 생각한다. 게다가 그 결별이 아주 확고하고 돌이킬 수 없는 것이었다고 생각한다. 이렇게 생각하는 탓에 우리는 부족주의가 인류의 훌륭한 사회 조직이었을 뿐 아니라 의심할 여지없이 인류역사상 유일하게 성공적인 사회 조직이었다는 사실을 인정하기가 어렵다. 그런 까닭에 미하일 고르바초프Mikhail Gorbachev 같은 현명하고 사려 깊은 정치가조차도 '새로운 시작'과

'새로운 문명'을 부르짖을 때, 인류 사회에 압제, 불공평, 가난, 만성적 기근, 끝없는 폭력, 인종 학살, 세계대전, 범죄, 부정부패, 환경의 총체적 파괴를 불러온 사회 조직 안에 내재된 패턴을 조금도 의심하지 않았다. 그러므로 우리 시대와 같은 심각한 위기 상황에서도, 인류가 여기서 300만 년 이상 누려온 절대적인 성공을 떠올려보기란 도저히 생각할 수도 없는 일이 되어버린다.

이 책의 목적이 바로 그것이다. 도저히 생각조차 할 수 없는 것에 대해 생각해 보자는 것이다.

제4부
새로운 부족주의를 향해

수렵-채취인들이 아무것도 소유하지 않았기 때문에

우리는 그들이 가난했다고 생각하는 경향이 있다.

그들이 아무것도 소유하지 않았기 때문에 자유로웠다고 보는 게

더 올바른 생각일 듯하다.

-마셜 살린스 Marshall Sahlins

봉기 없는 혁명

우리 문화에서는 혁명이 언제나 계층제에 대한 공격을 뜻하므로, 혁명은 곧 봉기를 의미하게 된다. 그러나 봉기는 문명을 넘어서 움직이는 데 아무런 역할도 하지 못한다. 비행기에 문제가 생겼다고 조종사한테 총을 쏘아봤자 소용없다. 낙하산을 메고 뛰어내려야 한다. 계층제를 뒤엎는 것은 무의미한 일이다. 우리는 그저 그것을 두고 떠나기를 원할 따름이다.

모든 사람이 알고 있듯이(특히 혁명가들은 더욱) 권력자 집단은 하층부로부터 공격받으면 무서운 방어력을 보여준다. 하지만 대중의 포기에 대해서는 속수무책이다. 권력자들은 혁명을 상상할 수 있지만 방기放棄당한다는 개념은 그들의 머릿속에 없다. 혹여 권력 집단이 방기당하는 것을 상상할 수 있다 하더라도 그들은 그것에 맞설 수가 없다. 포기한다는 것은 공격이 아니라 단순히 지지를 중단하는 것이기 때문이다.

사람들이 아무것도 하지 않는 일 자체를 막을 방법은 거의 없다.

(지지 중단은 아무것도 하지 않는 일이다.)

권력자들은 사람들이 아무것도 하지 않는 일이 벌어지는 것도 막으려 하지 않을까? 나는 그런 시도에 관해서는 생각해 볼 수 있다. (하지만 그것이 성공하리라고는 상상하기 어렵다.)

뒤집어엎지 않는 혁명

일반적인 혁명의 목표는 단 한 번의 결정적 타격으로 모든 영역에 걸쳐 전면적인 변화를 가져오는 것이다. 예전의 지배자들은 (그리고 그 부하들과 지지자들도 한 묶음으로) 하룻밤 사이에 사라지고, 그들을 뒤이을 집단이 완전히 구성되어 다음날 아침 새로운 체제를 선포하는 것이 이상적인 모습이다. 그러나 이런 시나리오는 문명을 넘어 움직이려는 사람들에게는 무의미하다.

무엇보다 전면적인 변화가 필요하지 않다. 전면적인 변화에 미치지 못하는 것은 받아들일 수 없다고 주장하는 이들은 오래 기다려야 한다. 아마 영원히 기다려야 할 것이다. 세상 모든 사람들이 자고 일어난 다음 날 아침에 완전히 새로운 방식으로 살아야 할 필요는 없다. 그런 일은 일어나지 않는다. 따라서 그런 일을 일어나게 하려고 노력하는 것은 무의미하다.

마찬가지로 전 영역에 걸친 변화도 필요 없다. 모든 것이 갑자기 달라지는 일이 일어날 필요는 없으며, 이 세상의 어떤 것도 그런 일이 일어나게 할 수는 없다. 사람들이 살아가는 방식에서 유일한 정답은 없다는 사실을 항상 마음에 새겨두자. 한 번도 그랬던 적이 없고 앞으로도 그럴 것이다.

또한 우리는 지배 계층이 하룻밤 사이에 사라지기를 바라지 않는다. 우리는 문명의 하부 구조가 사라지는 것을 맞이할 준비가 되어 있지 않다. (앞으로도 그럴 것이다.) 적어도 당분간은 지배자들과 지도자들이 문명에 따른 여러 가지 수고로운 일들을 감독해 주기를 우리는 바란다. 도로에 난 구멍을 메우고 상하수도 처리 시설을 가동하는 일 등을 말이다.

한 가지 정답은 없다

우리 60억 명 모두가 당장 내일부터 새로운 방식으로 살기 시작한다면 얼마나 멋진 일일까? 이렇게 상상하는 것은 우리를 그릇된 방향으로 이끄는, 마음속에 깊이 뿌리 내린 밈들 때문이다. 모든 사람이 살아가는 데 한 가지 올바른 방식이 있을 것이라는 생각 때문이다.

나는 뉴기니 계부시족에 감탄하지만 이 세상의 모든 사람들이 그들처럼 살아야 한다고 생각하지 않는다. (거짓말이 아니다.) 나는 집시들에 감탄하지만 이 세상의 모든 사람들이 그들처럼 살아야 한다고 생각하지 않는다. (아주 이상한 일이지만) 혹시 그런 일이 일어난다 해도 성공하지 못할 것이다. 나는 아프가니스탄의 유목민인 잘랄리족Jalali族에 감탄하지만, 이 세상의 모든 사람들이 그들처럼 살아야 한다고 생각하지 않는다. 나는 수단의 투포사족Tuposa族, 케냐의 렌딜레족Rendille族, 서부 오스트레일리아의 카리에라족Kariera族에 감탄하지만, 이 세상의 모든 사람들이 그들처럼 살아야 한다고 생각하지 않는다. 내 생각은 사회학적 사고가 아니라 생태학적 사고이다. 마코앵무Macaw들은 잘 살고 있지만, 모든 새들이 마코앵무와 같은 방식으로 살게 된다면 그들의 서식지는 없어질 것이다. 기린들은 잘 살고 있지만, 모든 포유동물이 기린처럼 살게 된다면 기린의 서식지는 없어질 것이다. 비버beaver들은 잘 살고 있지만, 모든 설치류 동물이 비버처럼 살게 된다면 비버의 서식지는 없어질 것이다.

단일성이 아니라 다양성이 힘을 발휘한다. 우리의 문제는 사람들이 나쁜 방식으로 살고 있어서가 아니라 모두가 똑같은 방식으로 살고 있어서 생겼다. 많은 사람들이 자원을 낭비하고 자연을 오염시키는 방식으로 살아가도 지구는 그것을 감당할 힘이 있다. 다만 지구는 모든 사람들이 그런 방식으로 사는 것은 감당하지 못한다.

천상의 합창은 없다

우리 60억 명이 당장 내일부터 환경주의 성자처럼 살 필요는 없다. 내일뿐 아니라 언제까지나 그렇다. 그런 일을 목표로 삼는다면 언제나 실패가 기다릴 따름이다. 내가 지금 제안하려는 것은 정확히 전략의 힘이다. 미하일 고르바초프나 앨 고어Al Gore 같은 이들이 인류의 유일한 희망이라고 묘사한, 전 지구적 계몽과 조화와 결단과 같은 불가능한 꿈을 성취하려 할 필요가 없다는 것이다. 고르바초프가 제안했듯이 "세계 공동체의 모든 구성원이 이전의 고정관념을 단호히 버리는 것"을 우리는 할 수 없다. 세계 공동체의 모든 구성원들이 무엇인가 하기를 우리는 기다릴 수 없다. 우리가 아는 게 있다면, 그것은 세계 공동체의 모든 구성원들은 결코 한 몸이 되어 무엇도 하지 않는다는 점이다. 고르바초프는 "지구적 발전의 새로운 방향을 선택해야 할 때가 되었다"고 말했다. 누가 이런 선택을 한다는 말인가? 모든 사람이? 그런 일이 일어나려면 몇십 년이(아니면 몇 세기가) 지나야 한다는 말인가? 앨 고어가 말한 "새로운 공동 목표"는 도대체 어디서 온 것인가? 지구상의 사람들이 단 한 번이라도 공동의 어떤 것에 합의한 적이 있었던가? 그런 것은 사람을 홀리는 도깨비불이며 헛된 기대다. 그런 것 때문에 우리는 날이 가고 해가 가도 절망에서 벗어나지 못한다.

  우리는 국가 지도자들이 우리를 구해줄 때까지 기다릴 수 없다. 우리가 그들에게 요구하는 것이(혹은 그들을 꾹 참아주고 있는 것이) 즉각적이고 단기적인 혜택에 불과한 이 시점에서, 왜 그들은 갑자기 지구적 비전을 내세우는 것일까?

기다리는 사람들

정부를 전복시키고, 세계 자본주의를
철폐하고, 문명을 사라지게 하고, 세상의 모든 사람들을 살아 있는
부처로 변화시키는 일을 기대할 수 없기에 우리는 아무것도 기다릴
필요가 없다. 하지만 많은 사람들이 이와는 정반대의 주장을 펼치
기 때문에 경고해야겠다.

그들은 세상이 완벽해질 때까지 기다려야 한다고 말한다. 그들은
우리가 사회적 불평등과 인종주의, 성차별주의, 가난 등등 생각할
수 있는 모든 나쁜 일들을 없애기 전에는 절대 아무 일도 일어나지
않는다고 생각한다.

나는 모든 사람들이 다른 이들을 '존중'할 때까지 기다려야 한다
는 이야기를 들은 적이 있다. 모든 사람들의 '의식'이 고양될 때까
지 우리는 아무것도 할 수 없다는 이야기를 들은 적이 있다. 이렇게
생각하는 사람들은 붕대를 감기 전에 상처가 치료되기를 기다릴 것
이며, 촛불을 밝히기 위해 동이 티오기를 기나릴 것이며, 구명보트

에 오르기 전에 가라앉은 배가 떠오르길 기다릴 것이다. 그들의 방식은 내 이해 범위를 넘어선다. 아주 오랫동안 기다려야 할 것이라는 의견 제시 이외에는 그들에게 해줄 말이 하나도 없다.

선한 전쟁의 전사들

최근 한 친구가 《진정한 민주주의Deep Democracy》라는 책자를 보내왔다. '민주주의를 위한 동맹'이라는 곳에서 발행하는 정기 간행물인데, 이 단체의 목표는 "정치·경제·환경·문화·정보에 대한 기업의 지배에서 모든 사람들을 자유롭게 하는 것, 진정한 민주주의를 수립하는 것, 지속 가능한 공평한 경제로 공정한 사회를 만드는 것"이다. 정치풍자 만화 형식으로 그려진 표지 그림은 이 단체의 자기 인식을 보여준다. 그림에서는 왜소한 다윗이 골리앗과 맞서고 있는데, 골리앗은 금전 정치라는 칼과 탐욕의 창으로 무장하고, 다국적 기업이라는 갑옷을 입고, 주류 언론 독점체들에게서 호위받고 있다. 이 만화의 제목은 이보다 더 적합할 수 없을 정도로 딱 어울린다. 바로 '데자뷔déjà vu'다. 이 말은 영어로 '되풀이된다'는 뜻인데, 정말 그림과 딱 맞는 말이다. 계속 반복되고, 반복되고, 반복되고 있으니까.

나는 친구에게 "그 단체가 잘되기를 진심으로 바라지만, 나는 나 자신이 그런 투쟁의 참여자라고 생각하지는 않는다"고 설명해야 했다. 우리는 다윗이 골리앗을 끝장낼 때까지 기다릴 여유가 없다. 다윗은 골리앗을 결코 해치울 수 없기 때문이다. 다윗과 골리앗은 수천 년 동안 맞서왔다. 앞으로 1,000년이 지나도 둘은 여전히 맞서고 있을 것이다.

우리는 골리앗을 꺾을 필요가 없다. 우리는 골리앗이 생각하는 방식을 바꿔야 한다.

새로이 생각하게 된 골리앗

상업용 카펫 업계에 레이 C. 앤더슨Ray C. Anderson이라는 골리앗이 있었다. 소규모 업체로 출발해 20년 만에 자신의 기업인 인터페이스Interface를 세계 일류 기업으로 성장시킨 인물이다. 인터페이스는 우리가 익히 알고 있는 사악한 거대 다국적 기업이 되었다. 이 골리앗은 정부의 규제 조치에 순응하고 그것을 확실히 지켰지만, 그의 기업은 본질적으로 심각한 환경오염을 유발했다. 석유를 원료로 썼고 엄청난 폐기물을 배출했다.

그런데 1994년에 그는 자신이 하는 일에 관한 생각을 바꿔놓은 두 권의 책을 읽게 되었다. 하나는 폴 호켄Paul Hawken의 《비즈니스 생태학The Ecology of Commerce》이고, 다른 하나는 《이스마엘》이었다. 이 책들을 읽고 레이 앤더슨은 규제에 순응하는 것으로는 충분하지 않다는 사실을 깨달았다. 그는 석유에 대한 의존에서 완전히 벗어나기 위한 행동에 곧바로 착수했다. 그는 100퍼센트 재활용 원료로 만든, 100퍼센트 재활용 가능한 카펫을 생산하기 시작했다. 그 설과 이 회사의 폐기물은 제로가 되었다. 이런 변화가 앤더슨의 회사에만 영향을 주는 것으로 끝나지 않았다는 점이 중요하다. 모든 경쟁자들은 경쟁력 확보를 위해 그의 기준을 채택해야만 했다. 이 골리앗은 단순히 하나의 기업을 개혁하는 데 그치지 않고 산업 전체를 개혁했다. 용맹스러운 작은 다윗이 그를 이겼기 때문이 아니라, 두 권의 책이 세계와 자신의 위치를 다른 방식으로 생각하게끔 만들었기 때문이다.

사람들의 생각이 바뀌어 자진해서 산업을 개혁하게 된다면, 그들을 강제하는 법을 제정하고 집행하기 위해 수십억 달러를 쏟아 부을 이유가 있을까?

점증적인 혁명

반복해서 말하려 한다. 우리는 정부를 전복시키고, 세계 자본주의를 철폐하고, 문명을 사라지게 하고, 세상 모든 사람들을 살아 있는 부처로 변화시키고, 사회·경제적 모든 해악을 치유하기를 기대하지 않기에 어떤 것도 기다릴 필요가 없다. 만약 열 사람이 문명을 넘어서 나아가 새로운 종류의 생활을 건설한다면, 그 열 사람은 첫 번째 날부터 이미 다음번 패러다임 속에서 살고 있는 것이다. 그들은 특정 조직의 지원을 필요로 하지 않는다. 그들은 정당이나 운동에 속할 필요가 없다. 그들은 새로운 법률도, 새로운 인가도 필요로 하지 않는다. 그들에게는 헌법이나 면세 혜택이 필요 없다.

이 열 사람에게는 혁명이 이미 성공을 거둔 것이다.

하지만 그들은 이웃의 분노를 감당할 준비만은 해야 할 것이다.

인종적 부족주의는 답이 될 수 없다

인류 역사의 첫 300, 400만 년 동안 나타났던 부족들은 인종 그룹이었다. 공통 언어와 공통 규약 및 관습 등을 가진, 확장된 가족이었다. 인종적 부족의 사회적 경계는 일반적으로(절대적이지는 않았지만) 다른 부족들에게는 막혀 있었다. 전쟁 포로들은 뚜렷한 예외였지만 수족Sioux族의 일원이 나바호족Navajo族이 되겠다고 결심하는 일은 생각하기 어렵다. 이례적인 상황에서는 그런 일도 일어나겠지만, 예외가 보편화되면 부족 본래의 모습은 유지되지 못할 것이다.

아내 레니와 나는 퀸Quinn 씨족과 맥케이MacKay 씨족(아내 쪽 집안)에 연결되어 있다. 하지만 대다수 현재 씨족 구성원들과 마찬가지로, 우리는 우리의 길을 가고 그들은 그들의 길을 간다. 아주 드물게 이런 씨족 집단 내부에서 부족적 행동이 고려되는 일도 있지만, 현대 사회에서는 가족보다 친구나 동료와 더 가깝게 지내는 경우가 많다.

인종적 부족주의를 신성하다고 떠받들 필요는 없다. 서커스단에서 잘 기능하는 종류의 부족주의는 인종적 부족주의와 같은 방식으로 진화된 것이다. 서커스 류의 부족주의 또한 자연 선택의 산물이며, 인종적 부족주의와 마찬가지로 (그 나름의 방식으로) 제대로 기능하고, 우리 대부분이 살고 있는 도시적 환경에 완벽하게 적용될 수 있는 모델을 제공해 준다.

제프리

《나의 이스마엘》에서 나는 제프리Jeffrey 라는 젊은이의 삶에 대해 이야기했다. 제프리는 폴 에핑거Paul Eppinger에서 착안한 인물로, 그의 아버지는 1994년에 아들의 일기를 《불안한 마음, 평온한 생각Restless Mind, Quiet Thoughts》이라는 책으로 묶어 펴냈다. 제프리는 매력적이고, 지성적이고, 잘 생겼고, 다재다능했다. 하지만 그는 하고 싶은 일을 찾을 수 없었다. 친구들과 어울리고 일기 쓰고 기타 치는 것 이외엔 도무지 하고 싶은 것이 없었다. 제프리의 친구들은 방향을 찾으라고 그를 몰아세웠다. 뭐든 야망을 가지라고 어디엔가 관심을 쏟으라고 말이다. 하지만 그런 것이 마음먹는다고 되지는 않는 법이다. 뚜렷한 목표가 없는 제프리를 두고 친구들은 특이하다거나 기묘하다고 말했으며, 제프리 자신도 점차 그 말에 수긍하게 되었다. 다른 사람들에게는 그토록 쉬운 듯한 목표를 갖는 데 실패한 그는 절망하게 되었고, 이러니저러니 떠들지 않고 스물아홉의 나이에 조용히 목숨을 끊는다.

많은 젊은이들은 제프리와 정확히 똑같이 느낀다고 하소연한다. 나에게는 전혀 놀랍지 않은 일이다. 젊은이들은 이 세상이 그들이 원해야만 하는 일로 가득 차 있음을 알고 있다. 그럼에도 원하는 데 실패하면 자신에게 뭔가 심각한 문제가 있음이 틀림없다고 생각한다. 나는 이 문제를 우리와는 다른 문화권 속에서 연구했기 때문에 '성공'하거나 '출세'하거나, 직업이나 천직을 갖기를 원하는 것이 인간의 타고난 본능과는 아무 관계도 없다는 사실을 알고 있다. 이런 것들은 대다수 토착민들에게는 낯선 관념이다. 그들은 자신들이 살아가는 방식, 바로 제프리가 살고 싶어 했던 그런 방식에 완벽하게 만족하고 있는 듯하다. 그들이 만족하지 못할 이유가 어디에 있겠는가?

# 열린 부족

제프리는 부족이 없어서 죽었다. 여기서 인종적 부족을 말하는 것은 물론 아니다. 젊은이들은 브라질의 야노마미족이나 오스트레일리아 알라와족 속에 들어가 살고 싶다는 얘기를 자주 한다. 그리고 나는 그런 부족들은 그들을 받아들이지 않는다고 설명해 주어야 한다. 그 부족들은 몹시 우호적이라고 알려져 있긴 하지만, 부족의 생존에 도움되는 기술을 전혀 갖추지 못한 채 문 앞에 갑자기 나타난 천진스런 젊은이들을 받아들일 만한 여유는 없다.

제프리의 마음이 정처 없이 방황하는 동안에 그의 곁에 있던 사람들, 즉 가족의 친구, 대학 동창, 그들의 부모 등등은 모두가 생계 유지를 위해 이런저런 일을 하는 사람들이었다. 당연한 일이지만 그들 가운데 단 한 사람도 부족적으로 생계를 유지하는 사람은 없었다. 그들은 일이나 직업을 갖고 있었지만 그것은 모두 개인적인 차원의 것이었다. 그러므로 제프리가 그 속에 끼어들 여지가 없었다. 그들은 서로 협력하는 방식으로 생계를 유지하지 않았으므로 그것을 제프리와 공유할 방법이 없었다. 제프리는 영원한 손님이었다. (아무리 매력적이라 해도) 손님에 대한 환대는 시간이 가면 시들해지기 마련이다.

어떤 뜻에서 제프리는 자신이 원하는 아주 적은 것을 그에게 주는 방법을 아는 사람을 찾지 못했다. 많은 젊은이들이 아주 적은 것을 원하며, 부족적으로 일할 수만 있다면 그들은 그것을 아주 쉽게 얻을 수 있다. 모든 부족은 구성원들이 기꺼이 지지하는 그런 생활 수준을 갖고 있기 때문이다.

제프리와 같은 사람들은 부족 세계에서, 열린 부족 세계에서 살아야 한다. 부족 세계에서는 혼자가 아니다. 부족 세계에서 누리는 삶은 홀로 외로운 것과는 거리가 멀다.

개방성의 한계

서커스단은 열린 부족의 전형적인 모델이다. 서커스단에 도움되는 사람이라면 국적이나 언어, 종교, 인종적 배경, 나이, 성별, 성적 취향, 정치적 의견, 종교적 신념 같은 것들을 내세워 장벽을 치지 않는다. 그러나 당연히 서커스단의 개방성도 절대적인 것은 아니다. 예를 들어 서커스단은 노숙자들의 피난처로 쓸 수는 없다. 서커스단은 이타적인 이유에서 사람들을 받아들이지 않는다. 그렇다고 해서 서커스단이 이타주의와는 담을 쌓고 있다는 뜻은 아니다. 서커스단은 구성원들을 잘 돌봐야 한다. 그렇지 않으면 단원들은 더 후하고 관대한 곳으로 자리를 옮길 것이다. 그것은 생존의 문제다. 구성원들을 붙들어두지 못하는 종은 멸종할 수밖에 없으며, 종족 역시 마찬가지다.

반면에 서커스단이 지나치게 이타적이면(성공에 전혀 보탬이 안 되는 사람까지도 받아들이는 경우) 얼마 지나지 않아 재정적인 문제가 생긴다. 단원들의 급료를 깎아야 하고, 일반적인 생활수준을 낮추어야 하며, 모든 면에서 인색해지게 된다. 그러면서 가장 재능 있는 단원들을 다른 서커스단에 빼앗기게 된다.

경제적 성공과 공동체의 요구 사이에서 적절한 균형을 맞추는 서커스단은 계속 운영해 나갈 수 있다. 그렇지 못한 서커스단은 문을 닫게 된다.

기업은 부족이 아니다

일반적인 기업에는 부족적 의무가 없다. 가장 뚜렷한 점이라면 기업은 노동자들을 '돌보지 않는다'는 것이다. 기업이 그런 부족적 성격을 띠게 된다면 총체적 문제가 발생하면서 이익을 전혀 내지 못하게 될 것이다. 대신 기업은 임금을 지급하고 노동자들이 그들 스스로 돌보기를 기대한다. 똑같은 임금을 받아도 어떤 노동자는 잘살아가고, 어떤 노동자는 힘들어할 것이다. 회사의 관점에서 보자면, 임금이 공평하게 지불되었다면 여기에는 어떤 불공정함도 없다. 힘들어하는 노동자에게 대가족이 딸려 있다든지, 병든 부모를 돌봐야 한다든지, 혹은 단순히 돈을 제대로 관리하지 못해 그런 것이든지, 그렇다고 해서 힘들어하는 노동자를 경쟁사에 빼앗기지는 않는다. 경쟁사들 또한 똑같이 비정한 입장이기 때문이다.

임금 지불 이외의 문제에 대해서는 책임지지 않는 기업 간의 이런 암묵적인 합의는 감옥의 분위기와 정확히 일치한다. 노동자들에게는 '출구'가 없다. 그들이 이 회사에서 저 회사로, 혹은 이 나라에서 저 나라로 자리를 옮기더라도 상황은 변하지 않는다. 고용주의 책임은 임금 지불(고용주의 입맛에는 아주 잘 맞는 협정이다)에서 끝난다. 죄수들은 항상 간수의 편의에 맞춰야 하는 법이다. 그것이 일반적으로 기대되는 질서다. 감옥이 재소자의 욕구에 맞춰 세워진다고 생각하는 사람은 아무도 없다. 기업 역시 노동자들의 욕구를 만족시키기 위해 설립되지 않는다.

부족을 향해 걸음을 옮기는 것은 감옥에서 걸어 나옴을 뜻한다.

하지만 우리가 어떻게 무해한 존재가 될 수 있을까?

이 글을 여기까지 읽고 한 학생이 내게 이렇게 물었다.

"선생님이 하신 말씀은 참 좋아요. 하지만 단순히 문명에서 떠나는 것만으로 우리가 어떻게 '상어와 타란툴라 거미와 방울뱀처럼 해를 끼치지 않는 존재가 될 수 있는지' 모르겠습니다. 선생님이 《이스마엘》에서 성공의 지표로 제시한 예처럼 말이에요."

이 학생은 다른 많은 사람들과 마찬가지로 무언가를 얻는 것보다는 무언가를 포기한다는 생각을 더 편안히 받아들이는 듯하다. 그는, 자기 자신에 만족하는 사람은 자신을 부정하는 사람처럼 비난받을 일 없이 살아가지 못하리라고 걱정한다. 선량한 사람들은 종종 무엇인가를 포기한다고 느끼길 원한다. 그것은 모든 인종적·종교적 체계가 자기 부정을 가르치는 문화에서만 기대할 수 있는 감정이다. 계층제 사회에서는 가난을 축복처럼 여기도록 하는 것이 언제나 멋진 생각이다. (그리고 부자들은 항상 자신들의 금욕주의를 자랑한다.)

이제는 그런 것이 진실이 아니라고 생각하시는지? 그렇다면 부자가 되는 것을 가치 있다고 가르치는 초등학교나 중학교 교과서를 내게 단 한 권만 가져다 달라고 부탁하고 싶다. 부자가 되는 것은 학생들에게 결코 이상적이라 제시되지 않는다. 어떤 교과서를 뒤져 보아도 "돈을 많이 벌어라. 그러면 외제차, 멋진 집, 요트, 시중드는 사람, 디자이너가 만든 옷, 사치스러운 보석, 끝없는 1등석 여행 등등 모든 면에서 가장 좋은 것들을 가질 수 있다"고 가르치는 책은 한 권도 없다. 교실의 공식적인 신화는 섹스와 마찬가지로 부에 대해서도 결벽증이 있다.

〤 '최대 해악의 문화'

지구라는 이 행성 위에서 사람들은 다양한 방식으로 살아왔다. 그러다가 약 1,000년 전에 세상의 모든 사람들이 한 가지 방식으로, 자신들의 방식으로 살아야 한다고 믿는 무리가 나타났다. 그들은 자신들의 방식이 유일하게 '올바른' 방식이라고 생각했다. 그로부터 1,000년 동안 온갖 노력을 기울인 끝에, 이 사람들은(나는 이들을 '역할 맡은 자'*라고 부른다) 지구의 모든 대륙을 정복하고 세계를 완전히 지배하게 되었다. 역할 맡은 자들은 정복 과정에서 나름의 경로를 걷던 모든 문화와 문명을 괴멸시키고, 삼키고, 대체하고, 제거했다. 신대륙의 문명마저 파괴되었을 때, 지구 위에는 오직 하나의 문명만이 존재하게 되었다. 그것은 역할 맡은 자들의 문명, 곧 우리의 문명이다. 그런 관점에서 보면 문

---

* 저자가 《이스마엘》에서 사용한 표현. 저자는 'take-it-or-leave-it 받아들이거나 거절하거나 양자택일'이라는 영어 표현을 따서, 문명 건설자가 된 사람들을 'Taker 역할 맡은 자'로, 그렇지 않은 사람들을 'Leaver 역할 맡지 않은 자'로 구별했다.(옮긴이)

제4부 새로운 부족주의를 향해　201

명이란 우리의 문명과 동의어다.

현재 미국은 우리 문명이 도달한 부의 최대치를 대표하는 국가다. 지구상 어떤 곳에도 미국인들보다 더 많이 소유하고, 더 많이 쓰고, 더 많이 낭비하는 사람들은 없다. 다른 국가들은 아직 이런 높은 지점에 도달하지 못했지만, 거기에 가닿기를 갈망한다. 그들에게 다른 목표는 없다. 사람들이 살아가는 올바른 길은 단 하나뿐이다. 그리고 미국인이 그 전형이다. 이 세상의 모든 사람은 집, 차, 컴퓨터, 텔레비전, 전화 등등을 소유해야 한다. 적어도 하나는 가져야 하고 많을수록 좋다.

나는 이것을 '최대 해악의 문화culture of maximum harm'라고 부른다. 이 문화에서는 모든 구성원이 부의 최대치에 도달하는 데 전념한다. (그리고 영원히 부의 최대치라는 기준점 자체를 높이는 데 전념한다.)

하지만 어떻게 그들의 팽창을 막을 수 있을까?

"우리가 '역할 맡은 자들'을 완전히 궤멸시키지 않으면 다시 고개를 들고 팽창하지 않을까요?"라고 묻는 사람들이 많다.

중세는 기독교 신화가 농노에서부터 국왕에 이르기까지 모든 사람들의 마음을 지배한 신앙의 시대였다. 르네상스 시기 동안 그 신화가 무너지고 다른 것으로 대체되자 신앙의 시대가 다시 시작하는 일은 생각할 수 없었다. 중세를 지배했던 그런 비전을 전체 문명이 받아들이는 일은 두 번 다시 일어나지 않을 것이다.

역할 맡은 자들의 신화도 마찬가지다. 신화의 정체가 드러나면, 다시 말해 그것이 유해한 기만의 총체라는 점이 폭로되면, 그 신화는 지난 1,000년 동안 우리에게 행사했던 그런 힘을 더 이상 갖지 못하게 될 것이다. 사람들이 살아가는 데 유일한 정답은 없다는 것을 알면서, 역할 맡은 자들의 비전을 계속 퍼트리기 위해 누가 칼을

들겠는가? 문명이 인류의 마지막 발명품이 아니라는 것을 알면서 계층제가 인류의 가장 성스러운 제도인 양 그것을 방어할 사람이 누가 있겠는가?

그런데 미칠 듯 분노에 불타는 최후의 파라오들이 핵무기를 우리에게 들이대지는 않을까?

할 수만 있다면 아마 그들은 그렇게 할 것이다. 하지만 우리는 그들의 도시 안에서 그들 바로 옆에서 살고 있을 텐데? 대통령이 자신의 권력이 사라지는 것을 보면서 부족 사람들을 파괴하기 위해 워싱턴을 폭격할까? 뉴욕 시장이 맨해튼에 폭탄을 퍼부을까?

희망할 수 있는 더 나은 것

최대 해악의 문화에서는 60억 명 전원이 자신들의 부를 최대한 늘리려고 분투하기 때문에 우주의 제왕처럼 사는 1퍼센트의 사람들이 나서서 우리에게 경각심을 심어주는 것만으로는 안 된다. 우주의 제왕처럼 살 수 있기를 바라는 나머지 99퍼센트의 사람들도 똑같이 우리를 일깨울 수 있어야 한다. 수십억 달러의 수입을 올리는 팝스타나 스포츠 영웅, 기업가 등은 우리가 그들과 함께 갇혀 있는 감옥으로부터 우리를 이끌어낼 수 없다. 출구를 찾아야 하는 이는, 바브라 스트라이샌드Barbra Streisand와 마이클 조던Michael Jordan과 도널드 트럼프Donald Trump 옆방의 철창 속에 사는 것보다 더 나은 곳을 발견해야 하는 이는, 바로 나머지 우리들이다.

세상은 수백만 명의 파라오들을 떠받칠 수 있지만, 파라오의 수가 60억 명이면 그렇게 할 수 없다.

'희망할 수 있는 더 나은 것'은 내가 《이스마엘》에서 말한 '상연해야 할 다른 이야기'와 관련이 있을까? 내가 "사람들은 자신들에게 영감을 불러일으킬 수 있는, 세계 및 자기 자신에 대한 비전이 필요하다"라고 말한 것과 같을까? 내가 《B 이야기》에서 쓴 대로 "세상이 구원받는다면 그것은 그 속에 살고 있는 사람들이 새로운 비전을 가졌기 때문"이라는 내용을 뜻하는 것일까?

당연히 그렇다.

중간 목표 : 덜 유해한 것

명확하게 이해할 수 없을 경우에 대비해 내 학생이 던진 질문을 조금 더 파고들어 보자. "단순히 문명에서 떠나는 것만으로 우리가 어떻게 상어와 타란툴라 거미와 방울뱀처럼 해를 끼치지 않는 존재가 될 수 있을까요?" 하는 질문 말이다. 문명을 넘어서는 움직임은 최대 해악의 문화에서 벗어나 움직이는 것이다. 따라서 우리가 끼치는 해악을 줄일 수 있다. 감옥의 벽을 뛰어넘는 것으로 곧장 우리가 상어나 타란툴라 거미, 방울뱀처럼 무해한 존재가 되게 만들 수는 없다. 하지만 즉시 우리를 그런 방향으로 나아갈 수 있도록 해준다.

이렇게 생각해 보자. 문명을 넘어 움직이지 않으면 점점 더 커다란 해악을 끼치는 결과를 가져온다. 유해한 존재가 되길 원한다면 문명에 매달려 있으면 된다. 파리에 위치한 좋아하는 식당에서 식사하기 위해 1만 갤런의 제트 연료를 태워 없애는 일은 우리 문명의 틀 안에서만 가능하다. 불편하다는 이유만으로 아무 생각 없이 산호초를 다이너마이트로 폭파하는 일 또한 우리 문명의 틀 안에서만 가능하다.

문명을 넘어 움직이는 것은 해악을 끼치는 데 필요한 도구에 접근하는 일을 자동적으로 차단한다. 플로라 서커스Circus Flora의 단원들은 절대 스텔스Stealth 폭격기를 만들거나 제강 공장을 세우지 않는다. 그런 것을 원하지도 않지만 설사 원한다 해도 그렇게 할 수단을 손에 넣을 수 없다. 그런 도구에 다시 접근하기 위해서는 서커스단을 떠나 최대 해악의 문화 속에서 살아갈 새로운 장소를 찾아야만 한다.

🔥 '덜 유해한 것'으로 충분할까?

멋지고 필요한 출발이긴 하지만 해를 덜 끼치는 것만으로는 충분하지 않다. 우리는 바야흐로 식량 경쟁의 한가운데에 놓여 있다. 식량 경쟁은 냉전시대의 군비 경쟁보다 우리 자신과 우리를 둘러싼 세계에 더 치명적이다. 이 경쟁은 식량 생산과 인구 증가 사이의 경쟁이다. 지금 영국 경제학자 토머스 맬서스Thomas Malthus, 1766~1834를 추종하는 사람들은, 과거의 추종자들이 그랬듯이 우리 인구를 먹여 살리기에 충분한 식량을 생산하는 것을 '승리'로 본다. 미국의 냉전 전사들이 소비에트 연방을 파괴하기에 충분한 무기를 생산하는 것을 '승리'로 간주했던 일과 똑같다. 그런데 미국의 '승리'가 소비에트로 하여금 '승리'로 대응하도록 자극했던 것처럼, 식량 생산에서 거둔 승리가 인구 증가의 '승리'라는 대응을 낳도록 자극한다는 점을 그들은 인식하지 못하고 있다.

우리의 식량 경쟁으로 지금 우리 행성의 생물량biomass*은 인간량human mass으로 빠르게 변하고 있다. 바로 이것이 우리가 야생의

제4부 새로운 부족주의를 향해 209

땅 한 부분을 개간해 인간이 먹을 작물을 재배할 때 일어나는 일이다. 그 땅은 수십만 생물 종과 수천만 개체의 근거지였다. 이제 그 땅의 생산성은 인간량에게만 향하게 되어 문자 그대로 인간의 살로 변하게 된다. 나날이 온 세계의 다양성이 사라져가고, 우리 행성의 생물량은 인간량으로 바뀌어간다. 식량 경쟁이 뜻하는 바가 이것이다. 식량 경쟁이 정확히 의미하는 바가 이것이다. '해마다 우리 행성의 생물량은 점점 더 인간량으로 바뀌고 있다'는 것이다.

---

* 어떤 환경 내에 현존하는 생물의 총수를 나타내는 생태학 용어.(옮긴이)

식량 경쟁 끝내기

군비 경쟁은 오직 두 가지 방식에 의해서만 끝날 수 있었다. 하나는 핵으로 인한 대참사였고, 다른 하나는 경쟁자들이 그곳에서 벗어나는 것이었다. 다행히 군비 경쟁은 두 번째 방식으로 끝났다. 소비에트 연방이 군비 경쟁 중지를 요구해서 아무 참사 없이 막을 내렸다.

식량과 인구 간의 경쟁도 마찬가지다. 우리 행성의 너무 많은 생물량이 인간에게 구속되어 근본적인 생태 체계가 붕괴하는 경우, 식량 경쟁은 대참사로 끝날 수도 있다. 하지만 반드시 그렇게 끝나야만 하는 것은 아니다. 식량 경쟁은 군비 경쟁이 종식된 방식처럼 끝날 수 있다. 사람들이 거기서 떠나는 것으로 말이다. 우리는 "인구에 대해 식량이 최종적 승리를 거두는 것은 불가능하다는 사실을 이제 알고 있다. 식량 측면에서 거둔 승리는 그 하나하나가 다시 인구 측면의 승리로 대응되기 때문이다. 그렇게 될 수밖에 없고, 항상 그래왔다. 그러므로 그런 방식이 결코 멈춰지지 않을 것이란 점을 알 수 있다"고 말할 수 있게 되었다.

  하지만 이런 몇 마디 말로 식량 경쟁이 끝나지는 않는다. 내가 다른 책이나 강연에서 사용했던 수천 마디 말로도 가능하지 않다. 이 주제는 우리 문화의 신화에 놓인 가장 심원한 차원과 관련되어 있다. 내가 《이스마엘》에서 몇 쪽을 할애해 다룰 수 있다고 생각했던 것보다 훨씬 더 깊은 차원이다. 그것은 우리 문화의 미로 한가운데에 놓여 있는, 인간을 잡아먹는 치명적인 미노타우로스Minotauros로 이 책에서 다루는 영역을 한참 벗어나므로 여기까지만 하겠다.

문명을 넘어선 100년 후

사람들은 100년 뒤에도 여전히 여기서 살고 있을 것이다. 만약 우리가 곧 새로운 방식으로 살기 시작한다면 말이다.

그렇지 않다면 인류는 살아남지 못할 것이다.

하지만 어떻게 거기에 도달할 수 있을까? 우리가 가려는 곳은 과연 어떤 곳일까? 공상적 이상주의자들은 더 상냥하고, 더 점잖고, 더 사랑스러운 사람들이 나타리라는 생각을 떨쳐버리지 못한다. 나는 지난 수백만 년 동안 작용하면서 사람들을 지금과 같은 모습으로 만든 힘이 어떤 것인지 보고자 한다. 여기서 성자와 같은 자질은 요구되지 않는다.

미래를 예상해 보자. 2000년대 초반에 사람들이 벽을 넘어가기 시작한다면, 처음에 우리 사회의 감시인들은 그것을 우리가 알고 있는 문명의 종말을 예고한다고 보고 경계할 것이다. 그들은 사회적·경제적 철조망으로 벽을 높이려 하겠지만 얼마 지나지 않아 소용없다는 사실을 깨닫게 된다. 밖으로 나가는 길이 없다고 납득할 때에는 사람들이 계속 돌덩이를 끌겠지만, 한번 다른 길이 열리고 나면 그들의 떠남을 막을 수 있는 것은 아무것도 없다. 초창기에는 떠난 사람들이 피라미드 건설자들에게 의지해 생계를 해결할 것이다. 오늘날의 서커스단처럼 말이다. 하지만 시간이 흐르면서 피라미드 건설자들에게 의존하는 부분은 점점 줄어든다. 그들 사이의 상호작용이 점차 늘어나면서 그들은 자신들만의 부족 간 경제intertribal economy를 수립하게 된다.

100년이 지난 뒤 문명은 여전히 남아 있겠지만 규모는 지금의 절반 정도로 줄 것이다. 세계 인구의 절반은 여전히 최대 해악의 문화에 속해 있겠지만, 나머지 절반은 더 수수한 생활양식을 즐기고, (단순히 더 많은 것을 얻는 것과는 반대로) 원하는 것을 더 많이 얻는 방향으로 나아가면서 부족적으로 살게 된다.

문명을 넘어선 지 200년 뒤

이제는 인용부호를 붙여야 하는 단어가 된 '문명'과 그를 둘러싼 '문명 이후' 사이에서 경제적 힘의 균형이 점차 변한다. 점점 더 많은 사람들이 깊이 원하지 않았던 것들(권력, 사회적 지위, 편의라 여겼던 것, 쾌적함, 사치)과 진심으로 깊이 원하는 것들(안전, 의미 있는 노동, 더 많은 자유 시간, 사회적 평등처럼 부족적 생활의 산물)을 맞바꿀 수 있다는 점을 깨닫게 된다. 끝없이 팽창하는 시장에 더 이상 묶여 있지 않은 '경제'는 다국적 기업 혹은 전국 규모의 기업들이 점차 존립 근거를 잃어감에 따라 지역적 성격이 갈수록 강해진다.

200년이 지나면 우리가 문명이라고 불렀던 것은 지나간 역사가 되고, 올리버 크롬웰Oliver Cromwell의 신정 체제처럼 쓸모없는 기묘한 것으로 여기게 된다. 도시들은 여전히 같은 곳에 있다.(도시에 발이 달린 것도 아닌데 어디로 가겠는가?) 예술도, 과학도, 테크놀로지도 마찬가지다. 다만 그것들은 더 이상 최대 해악의 문화의 도구나 구현이 아니다.

내게 예언 능력이 있다고 주장하기 위해 이런 추론을 하는 것은 아니다. 나는 내가 하는 추측을 물속으로 던진다. 호수의 어디를 겨냥하고 있는지 독자들에게 보여주기 위해서다… 또한 호수의 가장자리로, 지금 우리가 서 있는 이곳으로 퍼져 나오는 물결을 독자들이 눈으로 좇을 수 있게 하기 위해서다.

'문명 이후'는 정확히 어디인가?

전형적인 몽상가들의 시나리오는 친구들을 모으고, 농기구를 짊어지고, 모든 것에서 벗어나 도피할 수 있는 야생의 이상향을 찾는 것이다.

이런 따분하고 오래된 환상이 얼핏 매력적으로 느껴지는 것은 (이미 만들어져 있기 때문에) 상상력을 요하지 않으며, 필요한 자금만 있으면 거의 모든 사람이 실행할 수 있고, 가끔은 몇 달 이상 실제로 굴러가기도 하기 때문이다. 하지만 이를 60억 사람들의 일반적인 해결책으로 확대한다면 역사상 유례없는 어리석은 짓이 될 것이다.

문명은 지리적 영역이 아니라, 파라오가 지배하고 대중들의 손으로 피라미드가 세워지는 사회적·경제적 영역이다. 마찬가지로 문명 이후 역시 지리적 영역이 아니며, 열린 부족 속에서 살아가는 사람들이 '문명화'된 것으로 인식될 수도 있고 그렇지 않을 수도 있는 목표를 추구하는 사회적·경제적 영역이다.

문명 이후에 도달하기 위해 '어디론가 가야 할' 필요는 없다. 삶의 방식을 다르게 바꾸기만 하면 된다.

제5부
까마귀 부족

아,

그렇군,

밑바닥에서도

역시

아주 외롭구나.

―조지프 채슬러Joseph Chassler

등 떠밀린 선구자들

　　　　　　보수적인 추산에 따르더라도, 미국에는 문명 너머로 등 떠밀려 사회적·경제적으로 지옥의 변방에 놓인 사람들이 약 50만 명이다. 이들을 요즘은 '노숙자'라고 부른다. 노숙자는 가난을 단순히 완곡하게 표현한 것 이상의 의미를 지닌다. 노숙자는 초근대화된 도시들에서 발생한 가난의 특수한 형태이기 때문이다. 그런 도시들에서는 땅이 워낙 비싸서 가난한 사람들에게 돌아갈 몫이 전혀 없다고 생각할 수 있다. 값싼 주택이 완전히 사라지면서 초근대화된 도시에서는 가난한 사람들이 살아갈 '실내' 공간이 없어진다.

　노숙자의 흐름에는 각기 다른 여러 줄기가 뒤섞여 있다. 하나는 정신 장애를 앓는 사람들이다. 이들은 1970년대에 비非제도화가 유행했을 때 거리로 나왔다. 또 다른 부류는 반숙련 혹은 비숙련 노동자들이다. 일자리가 인건비가 더 저렴한 국가로 수출되었거나 다운사이징downsizing 혹은 자동화의 여파로 밀려난 사람들이다. 50대와

60대로 구성된 부류는 '불리한 조건을 가진 사람들disadvantaged'이라고 불렸던 집단이다. 버림받은 여성과 어린이, 인종적 편견의 희생자, 교육받지 못한 사람, 기술이 없는 사람, 만성적 실업 상태에 놓였던 이들이 나이가 들어 노숙자가 된 것이다. 이 모든 사람들은 희생자 혹은 '도움받을 자격이 있는' 빈곤층으로 인식되고 있다. 노숙자 대열에 합류한 다른 부류로는 탈주자, 약물 중독자, 부랑자, 알코올 중독자, 뜨내기 노동자, 방랑자 등인데 이들은 노숙을 '선택'한 것이므로 '도움받을 자격이 없는' 빈곤층이다.

노숙자 없애기

당연히 공무원들은 (자신들을 뽑아준 유권자들의 말없는 요구를 반영해) 노숙자를 없애려 한다. 이는 몰인정한 행동이 아니다. 노숙자들은(적어도 '도움받을 자격이 있는' 사람들은) 직업을 얻고, 집을 구하고, '정상적인' 생활로 돌아가 노숙자 대열에서 빠져나가기를 원한다는 기본 가정을 깔고 있다. 따라서 공무원의 역할은 노숙자들이 정상적인 생활을 다시 시작할 수 있도록 돕고, 자극하고, 격려하는 것이다. 그러기 위해서는 무엇보다 노숙자가 계속 노숙자로 지낼 수 있게끔 부추기는 일은 절대 피해야 한다. 노숙자는 끊임없이 어려움에 처해야 하고, 굴욕을 느껴야 하고, 가능한 한 고통받아야 한다. 우리의 공공 수호자들이 이런 일을 얼마나 멋지게 해내고 있는지에 대해서는 널리 알려져 있다.

사람들은 물론 노숙자 쉼터가 있어야 한다고 생각하지만, 그곳이 아늑한 곳이어서는 안 된다. 누구도 거기에 '머무르기를' 원해서는 안 된다. 노숙자가 쉼터에 '머무르기' 시작하면 이는 노숙자를 없애려는 본래의 목적에 어긋난다. 노숙자들은 공식 인가된 쉼터를 피하기 위해 뒷길, 공원, 터널, 철거 건물, 다리 밑 등등 쉼터 이외의 거의 모든 곳을 피난처로 삼는다. 그러면 경찰은 정기적으로 이 지역들을 뒤져 노숙자를 체포해야 한다. 노숙자가 편안히 지낼 수 있는 곳이 어디든 있다면 노숙을 그만둘 이유가 없기 때문이다. 노숙자를 가능한 한 불행하게 만드는 것은 일종의 엄격한 사랑으로 여겨진다. 그것이 우리가 그들을 위해 해줄 수 있는 가장 훌륭하고 친절한 일이다.

단 한 가지 문제는, 도대체 어떤 이상한 이유 때문인지 그것이 전혀 효과가 없다는 점이다.

지난해에 효과가 없었다면…

외계의 인류학자가 우리 문화를 접한다면, 그는 우리 문화의 가장 큰 특징으로 실패에 대한 대응 방식을 꼽을 것이다. 바로 지난해에 효과가 없었다면 올해 '다시'(그리고 가능하면 더 '많이') 하자는 방식이다.

해마다 우리는 더 많은 법률을 만들고, 경찰 수를 늘리고, 더 많은 감옥을 짓고, 더 많은 범법자들에게 더 많은 형량을 매긴다. 하지만 이 모든 것들을 통해 범죄 '박멸'에 한 발짝이나마 더 다가서는 것도 아니다. 작년에, 재작년에, 그 전 해에, 또 그 전 해에 효과가 없었다 해도 우리는 올해 다시 시도해 봐야 한다고 확신한다. 의심할 여지없이 올해도 역시 효과를 보지 못하리라는 사실을 알면서도 말이다.

해마다 우리는 학교에 뭔가 잘못된 점을 '고치려고' 더 많은 돈을 쏟아 붓는다. 하지만 해가 바뀌어도 학교의 문제는 여전하다. 작년에 돈을 썼던 것이 효과가 없었고, 재작년에도, 그 전 해에도, 또 그 전 해에도 효과가 없었다 하더라도 우리는 올해 다시 시도해 봐야 한다고 확신한다. 의심할 여지없이 올해도 역시 효과를 보지 못하리라는 사실을 알면서도 말이다.

해마다 우리는 노숙자들을 없애려 애쓴다. 하지만 해가 바뀌어도 노숙자들은 여전히 우리 곁에 남아 있다. 작년에도, 재작년에도, 그 전 해에도, 또 그 전 해에도 우리는 그들을 내몰아 '주류' 속으로 되돌려놓지 못했다. 하지만 우리는 올해 다시 시도해 봐야 한다고 확신한다. 의심할 여지없이 올해도 역시 효과를 보지 못하리라는 사실을 알면서도 말이다.

실패에 대응하는 더 나은 방식

실패에 대응하는 더 나은 방식을 찾기 위해 로켓 과학자처럼 엄청난 지식을 지녀야 하는 것은 아니다. 그것은 이렇게 공식화할 수 있다. 작년에, 재작년에, 또 그 전 해에 효과가 없었다면(역사상 한 번도 효과가 없었다면) '무언가 다른 것을 시도해 보자.'

우리는 어떤 문제에 군사적으로 접근하는 방식을 깊이 신뢰한다. 우리는 가난과의 '전쟁'을 선포한다. 그것이 실패하면 이번엔 마약과의 '전쟁'을 선포한다. 우리는 범죄와 '전투'를 벌인다. 우리는 노숙자들과 '투쟁'한다. 우리는 기아 문제와 '싸움'을 한다. 우리는 에이즈를 '무찌르겠다'고 맹세한다.

기술자들은 정치가들이나 관료들처럼 계속 실패해도 괜찮은 입장이 아니기 때문에 (나처럼) 저항보다는 순응accedence을 선호한다. 예를 들어 그들은 지진에 완벽한 저항력을 가진 견고한 건물을 만들 수 없다는 사실을 알고 있다. 그래서 그들은 견고한 건물을 지어 지진의 힘과 맞싸우는 대신, 휘기 쉬운 건물을 만들어 지진의 힘에 순응한다. 순응한다는 것은 단순히 양보하는 것이 아니라 문제에 가까이 다가가면서 양보하는 것이다. (순응한다는 말은 어떤 주장을 받아들일 때뿐 아니라 왕좌에 오를 때도 쓰인다.*) 지진에 내구성을 가진 건물이 파괴되지 않는 것은 지진의 힘을 꺾으려 했기 때문이 아니라 지진의 힘을 인정했기 때문이다. 지진의 힘을 끌어들여 그것을 다룬 것이다.

누군가 용감하게 나서서 노숙자 문제를 이런 방식으로 다룬다면, 문제와 맞싸우는 대신 문제를 인정하고 끌어들인다면, 놀라운 일이 벌어지기 시작할 것이다. 이는 노숙자 문제뿐 아니라 다른 문제에서도 마찬가지다.

---

* 'accede'는 (1)동의하다, 응하다 (2)취임하다 (3)가입하다는 뜻을 가진 단어다. 'accede to throne'은 '보위에 오른다'는 뜻인데 저자는 순응이 단순히 양보나 포기를 의미하는 것이 아니라는 점을 설명하기 위해 이 표현을 사용한 듯하다.(옮긴이)

노숙자에게 귀 기울이기

노숙자 문제에 순응한다는 것은, 가난한 사람들이 가능한 대안 가운데 가장 덜 나쁜 것을 계속해서 선택하리라는 사실을 받아들이는 것이다. 그들이 시에서 운영하고 한 블록 떨어진 곳에 위치한 멋지고 깨끗한 쉼터를 마다하고 다리 밑에서 살고 있다면, 그것은 절대로 실수가 아니다. 노숙자의 관점에서 본다면 말이다. 쉼터에서 노숙자를 받아들이는 절차는 참기 힘들 정도로 공격적이고, 자의적이고, 굴욕적이다. 규정이 매우 엄격할 수도 있다. 어쨌든 다리 밑 쉼터의 불편함이 더 견딜 만한 것이다. 어떤 사람에게 가장 덜 나쁜 것이 다른 사람에게도 똑같이 그렇지는 않다. 뉴욕 시의 노숙자들은 주위에 먹을거리가 너무 많기 때문에 굶어 죽을 일은 거의 없다고 말할 것이다. 하지만 어떤 사람들은 그런 풍요로운 세계를 피해 지하 깊숙이 머물기를 더 선호한다. 사실 거기에는 신선한 사냥감이 많이 있다. ('통로 속의 토끼' 곧 쥐를 사냥하고, 죽이고, 요리하는 일에 익숙해지기만 한다면 말이다.)

노숙자 문제에 순응하는 데 필요한 또 다른 요소는 노숙자들이 자신들의 상황을 이해하고 있다는 사실을 받아들이는 것이다. 사회과학자나 경제학자, 도시 계획 입안자들과 같은 방식일 필요는 없지만, 그들은 현실적이고 개인적인 관점에서 자신들의 문제를 이해하고 있다. 노숙자들이 산업 공동화 과정에 관해 강연할 수는 없을지 몰라도, 그들은 잘난 체하며 자신들에게 "일을 하라"고 명령하는 그 사람들이 가공의 이상향에 살고 있으며, 수십 년 동안 존재하지도 않는 일자리를 있다고 상상할 뿐이라는 사실을 안다.

🦧 노숙자가 지진에 비유될 수 있는가?

바다에 난파당한 사람이 세 번이나 물속에 잠겼다가 겨우 다시 떠올랐을 때, 배 한 척이 지나가는 것을 보았다. 그는 마지막 힘을 짜내어 미친 듯이 팔을 흔들며 도움을 청했다. 배의 갑판에 서서 그를 경멸적인 시선으로 물끄러미 쳐다보던 사람이 이렇게 소리쳤다. "보트를 타란 말이야!"

사회과학자 피터 마르쿠제Peter Marcuse는 이렇게 썼다.
"노숙자 문제는 시스템의 장치machinery of system가 모든 사람들이 필요로 하는 기본적인 피난처를 생산하는 데 어느 정도 실패했다는 지적인 자각뿐 아니라, 시스템이 극복할 수 없는 어떤 한계에 도달했다는 사회적 자각을 불러일으킨다. 시스템이 자신의 힘으로 더 이상 통제할 수 없는 세계를 창조했다는 것이다."

나는 이 인용문을 좋아한다. '시스템의 장치'라는 언급이 내가 사용하는 공학적인 비유에 안성맞춤으로 들어맞기 때문이다. 이 장치는 자신을 더 이상 통제할 수 없는 사람들이 사는 그런 세계를 만들어냈다. 마르쿠제가 말한 것을 나 자신의 은유로 옮겨보면, 노숙자들은 사회적·경제적으로 아무도 살지 않는 문명 너머로 등 떠밀려 들어간 것이다. 그 장치가 노숙자들을 본래 그들이 속했던 곳으로 되돌려놓으려 힘을 행사해도 실패한다. 되풀이해서 실패하고 끝없이 실패한다.

테크놀로지의 대가 자크 아탈리Jacques Attali는 노동계급시대의 종말을 선언했다. 그는 "기계가 새로운 프롤레타리아트Proletariat, 무산계급"라고 말했다. "노동계급은 해고 통지서를 받아들고 있다"는 것이다. 그런데 문명이라고 알려진 구조 속에서는 비노동자들nonworkers을 위한 자리가 없다는 사실을 우리는 알고 있다. 그렇다면 그들에게 해고 통지서를 전달하려면 대체 어디로 보내야 할까? 그 구조를 넘어선 곳 이외에 그런 곳이 있을까?

順 순응하면 어떤 모습이 될까?

우리는 노숙 문제와의 '전쟁'이 어떤 모습인지 알고 있다. 우리는 두 가지 전선을 공격한다. 한쪽 전선에서는 노숙자를 위한 쉼터를 연다. 물론 (노숙자들이 쉼터에 머무르길 원하지 않으므로) 가능한 한 노숙자를 달갑지 않게 맞아들인다. 다른 전선에서는 쉼터에 머무르려 하지 않는 노숙자들을 범법자로 단속하는 노숙 금지 법안을 통과시킨다. 이런 법률들은 '지정된 장소의 바깥에 있는' 노숙자들, 그들이 있지 않았으면 하는 장소에 나타난 노숙자들을 경찰이 괴롭히는 일을 허용한다. (또는 경찰의 임무로 강제한다.) 노숙자들이 건강해져서 일을 구하고 기적처럼 자신들을 다시 미국 중산층 주류로 끌어올릴 때까지 이 게임은 '동전 앞면이 나오면 우리가 이기고, 뒷면이 나오면 너희가 진다'는 식으로 계속될 것이다.

노숙 문제에 순응하는 것은 노숙자들이 계속 노숙자로 남을 수 있도록 하자는 것처럼 보인다. 무슨 말도 안 되는 소리인가! 자유주의자와 보수주의자 양쪽의 분노에 찬 아우성이 귓가에 들리는 듯하다. 사람들이 노숙자로 남는 데 성공하도록 돕자고? 우리가 원하는 것은 노숙자로 계속 있는 데 실패하도록 돕는 것이다. (그래야 그들은 주류로 되돌아간다.)

노숙 문제에 순응하는 첫 번째 단계는 노숙자들을 불법화하지 않고 규제를 푸는 것이다. 엄청난 해악을 끼칠 잠재력을 가진 수조 달러 규모의 산업들에 대해서는 즐거운 마음으로 규제를 풀어주지 않는가? 그렇지만 상대적으로 힘없는 가난한 사람들에 대한 규제를 철폐하는 것은 말도 안 되는 생각이라고 한다. 규제가 풀린 예금 및 대부 기관들의 임원들은 우리 돈 수십억 달러를 떼먹을 수도 있지만, 적어도 그들은 허름한 옷을 입고 길거리를 어슬렁거리지는 않기 때문이다!

🐎 그들에게 살 곳을 허용하기

노숙을 규제하고 불법화하는 것은 견고한 건물로 지진에 맞서 뻗대는 것과 같다. 노숙에 대한 규제를 풀고 처벌하지 않는 것은 "시스템의 장치가… 더 이상 자신의 힘으로 통제할 수 없는 세계를 만들어냈다"는 사실을 인정하는 것과 마찬가지다. 우리는 노숙에 대한 규제를 포기해야 한다. 왜냐하면 노숙은 지진과 마찬가지로 통제를 넘어선 것이기 때문이다. 우리는 그것을 꺾을 수 없기에 최대한 잘 풀어나갈 수 있는 방법을 배워야 한다.

맨해튼 아래에는 수 마일에 걸친, 사용되지 않는 터널들이 있다. 이곳에서는 사람이 거주할 수도 있지만 노숙자들이 접근하는 것은 허용되지 않는다. 이유는 한 가지다. 그들이 터널 속에서 살려고 할까 봐 그런 것이다. 따라서 공무원들은 그들을 내쫓는 것을 의무로 여긴다. 공무원들은 누구도 터널 속에서 살아서는 "안 된다"고 강변한다. 터널은 주거 공간으로 만들어지지 않았다는 것이다.

터널은 안전하지 않다. 터널은 건강에 해롭다. 터널은 비위생적이다. 하지만 일부 노숙자들은 남의 집 문간이나 다리 밑보다는 터널에서 사는 게 낫다고 생각할 것이다.

공무원들은 경찰들을 보내 터널에서 노숙자를 내쫓는 대신에 기술자들을 보내 환경을 개선하기 위해 시에서 어떤 도움을 주면 좋겠느냐고 물어봐야 한다. 아마도 "위생 시설과 물, 전기가 필요하다"는 얘기를 듣게 될 것이다.

노숙자들을 우리가 알맞다고 생각하는 곳으로 내몰지 말자. 노숙자들 자신이 알맞다고 생각하는 곳에서 살 수 있도록 돕자.

그들에게 먹을 것을 허용하기

우리는 노숙자들이 터널 안에서 피난처를 구해 접근하는 것을 막고, 그들이 도시에서 날마다 버려지는, 많은 음식들에 접근하는 것도 거부하려 든다. 일부 식당에서는 버리는 음식에 암모니아를 끼얹어 누구도 먹을 수 없게 만든다. 쓰레기 수집 용기에 자물쇠를 다는 곳도 있다. 그러지 말고 노숙자들이 버려질 음식들을 배분하는 시스템을 조직하도록 돕는 일을 생각해 보자. 버려진 음식들은 어차피 쓰레기 매립지에서 썩어갈 것이 아닌가.

이런 제안이 선량한 시민들에게 어떤 분노를 불러일으킬지 상상해 보자. 우리가 더 이상 필요로 하지 않거나 원하지 않는 것으로 노숙자들이 생계를 유지하도록 한다고? 그래서 그들이 '부랑자' 계층이 되는 것을 허용한다고? 얼마나 끔찍한 (그리고 부도덕한!) 생각인가. 아니다. 우리는 단순히 그런 생활 방식을 '허용'하는 것을 넘어서 실제로 그것을 격려해야(조장해야!) 한다. 그런 방식과 '전쟁을 벌이고' 그런 방식을 뿌리 뽑는 대신에 말이다.

그들이 생계를 유지할 수 있도록 하기

우리 문화에서는 뭔가 묘한 이유 때문에 아이들에게 썩은 고기를 먹는 청소 동물을 혐오하도록 가르친다. 맹수와 포식 동물은 영웅이지만 청소 동물은 경멸의 대상이다. 그러나 우리 세계는 청소 동물 없이는 유지될 수 없다. 우리는 죽으면 땅에 묻힌다. 청소 동물은 이런 생물 쓰레기를 제거하며 살아간다. 그들을 저주하는 대신 축복해야 마땅하다. 지금 이 순간에도 차에 치어 죽은 동물 대부분은 까마귀나 독수리 같은 새들에 의해 사라진다. 이 새들이 멸종한다면 우리 자신이 그들의 의무를 대신 떠맡아야 한다. 지금 청소 동물들이 우리를 위해 아무 비용도 받지 않고 해주는 일을 처리하기 위해 우리 지갑에서 돈을 꺼내야 한다.

일반적으로 노숙자들이 '정직하게' 살아갈 수 있는 유일한 방법은 쓰레기를 없애는 것이다. 그리고 일반적으로 그들은 그런 방식에 매우 만족한다. 주소도 없고, 관리 감독도 받지 않고, 출근 기록부에 기록하지도 않고, 사회적으로 용인된 옷들로 채워진 옷장 없이 그들이 할 수 있는 일이 바로 그것이다. 또한 근무 시간도 자유롭다.

데이비드 와그너David Wagner는 한 연구에서 북부 도시의 술주정뱅이들로 이루어진 팀이 버려진 건물에서 팔 수 있는 구리를 떼어내는 작업을 묘사했다. 당연히 이것은 불법이다. 하지만 가만히 내버려둬서 구리가 그냥 버려진다고 해도 불법이다. 이런 종류의 일을 가능한 한 가로막는 대신에 왜 그것을 장려하지 않는가? 엄청난 양의 물질이 이런 방식을 통해 재생되고 재활용될 수 있다. 자원을 보존할 수 있을 뿐 아니라 매립장으로 가서 유독한 폐기물이 될 물질을 줄일 수 있다.

내 사람들을 가도록 내버려둬!

노숙자들은 '문명을 넘어선' 곳에 있다. 그들은 문명의 계층제 영향권 밖에 존재하기 때문이다. 계층제는 그들을 포괄할 만큼 구조를 확장시키지 못하고 있다. 기껏 할 수 있는 일이라곤 그들을 억누르고, 귀찮게 하고, 방해하는 것뿐이다. 노숙 문제에 순응하는 것은 그들을 '가도록 내버려두는' 것일 터이다. 성서에 나오는 파라오가 이스라엘인들을 가도록 내버려둔 것처럼 말이다.

나는 노숙자들이 진정으로 노숙자가 되길 원한다고 말하고 있는 것일까? 정확히 그렇지는 않다. 노숙자들 중 일부는 계속된 불운으로 거리에 나앉았지만 중산층다운 성공의 길로 돌아가고 싶어 하는 '일시적 노숙자'들이다. 내 제안들은 결코 그 일을 방해하지 않는다. 나머지 사람들도 노숙자인 상태를 반드시 좋아해서 그런 것은 아니다. 제도화, 끝없는 가족 내 학대, 자신들의 욕구를 알지 못하거나 거기에 무관심한 입양아 양육 제도, 상승에 대한 진정한 희망이라고는 찾을 수 없는 노동 시장에서 일하는 것 등등 다른 대안들은 노숙자가 되는 것보다 더 나쁘기 때문이다.

하지만 처음에는 자신의 의지에 반해 노숙자가 되었지만 시간이 지나면서 다른 관점을 갖게 된 사람들도 많은 것이 사실이다.

"나는 지금의 내 삶이 좋아."

제니퍼 토트Jennifer Toth 기자에게 터널에서 사는 한 노숙자는 이렇게 말했다.

"나는 독립적이고 내가 원하는 일을 하고 있어요. 내가 게으르거나 일하기를 싫어해서 그런 건 아닙니다. 나는 깡통을 모으기 위해 온종일 도시 주변을 돌아요. 이것이 내가 원하는 삶입니다."

터널에서 사는 또 다른 노숙자는 자신을 정상적인 생활로 되돌려 놓기 위해 쫓아다니는 형제에 관해 얘기했다.

"그는 1만 달러를 주겠다고 했어요. 그저 나를 도저히 이해할 수 없는 거죠. 하지만 여기가 지금 내가 원하는 곳이에요. 영원하지는 않을지 몰라도 지금은 그렇습니다."

데이비드 와그너가 만난 사람들 중 한 명은 싸움이 끊이지 않는 집에서 도망쳐 나온 사람이었는데 그는 길거리 생활에 대해 "근사합니다. 내가 원하는 곳에서 잠자고, 사람들과 어울리고 술을 마셔요. 나는 새처럼 자유롭답니다"라고 말했다. 열두 살 때 학대 가정에서 도망친 다른 노숙자도 비슷한 얘기를 했다.

"멋져요. 나는 남쪽으로 온종일 해안을 따라 걸으며 여행을 했어요. 정말 대단했어요. 무슨 일이 있어도 다시 돌아가지 않을 겁니다."

거리로 나오는 게 가장 덜 나쁜 대안에 불과하다 해도 사람들은 집에 있을 때보다 더 많은 지지를 받는다고 느낀다. 캐서린 콜먼 런디Katherine Coleman Lundy에게 어느 노숙자는 "그들에게 약간의 음식, 몇 달러가 필요하다면, 나는 몇 달러를 줍니다… 내게 뭔가 필요하면, 내게 뭔가 필요하고 그들이 그것을 갖고 있으면, 그들은 그걸 내게 주지요"라며 거리의 친구들에 관해 얘기했다.

제니퍼 토트가 들었던 얘기도 비슷하다. "우리는 서로 진정한 지지를 얻어요. 사회복지사에게서 한 시간 동안 얻을 수 있는 그런 게 아니에요. 정말로 아껴주고 이해해 주는 사람들에게서 지원받는 것이거든요."

그러면 어떻게 될까?

노숙자들에게 그들이 원하는 피난처를 허용하고 거기서 사는 것을 돕는다면(그들이 사는 곳으로 달려가 내쫓지 않고), 날마다 일상적으로 버려지는 엄청난 음식물을 모아 그들에게 전달할 길을 튼다면(쉼터에서 음식 때문에 굽신거리게 하지 않고), 그들 자신의 관점에서(우리의 관점에서가 아니라) 그들을 적극적으로 지원한다면 어떻게 될지 생각해 보자. 노숙 문제의 대부분은 '문제'로 존재하지 않게 될 것이다. 그것은 우리가 도시에서 늘 하고 있는 일, 이를테면 도로 보수와 비슷한 성격을 지녔다고 여겨지게 될 것이다. 도시의 도로들은 결코 완전히 '수리'되지 않는다. 영원히 부분부분 떨어져 나간다. 우리는 도로를 영원히 보수해 나가야 한다. 그래도 우리는 도로 보수를 '문제'로 인식하지는 않는다. 도로 보수에 순응하고 있기 때문이다.

우리가 노숙 문제에 순응한다면, 우리와 노숙자들은 치고받고 싸우는 대신 (때때로) 함께 일하게 될 것이다. 사람들에게 쉴 곳과 먹을거리를 제공하고 보호하는 일이 공통 관심사와 공통 과제가 될 것이다.

  노숙 문제에 순응한다고 거지와 마약 상인, 거리의 술주정뱅이가 사라지지는 않는다. 도로를 보수한다고 길바닥의 구멍과 차선 폐쇄, 교통 체증이 없어지지 않는 것과 마찬가지다. 노숙 문제에 순응하는 것은 (지진에 순응하는 것과 같이) 현실에 대처하는 것이지 그것을 없앤다는 뜻이 아니다.

나는 '전적으로' 혼자가 아니다!

데이비드 와그너는 노숙자 문제에 관한 획기적인 저작 《체커보드 스퀘어 : 노숙자 공동체의 문화와 저항 *Checkerboard Square : Culture and Resistance in a Homeless Community*》의 거의 끝 부분에서 다음과 같이 썼다.

> 노숙자들 개개인을 조사하고 감시하고 처분하는 대신, 그들에게 집단적인 자원과 이동 기회를 제공하면 어떻게 될까? 노숙자를 옹호하는 사람과 사회복지사 등이 나서서 노숙자 공동체를 구성하는 두터운 사회적 네트워크와 응집력 있는 하위문화를 활성화하면 어떻게 될까? 노숙자들이 그룹을 떠나지 않고 거리의 친구들과 공유할 수 있는 그럴 듯한 집을 그들이 모이는 곳 인근에다 제공하면 어떻게 될까? … 사회적 구제 조치가 개인이 아니라 집단에 배분되고, 따라서 수입 관리나 식량과 쉼터 등의 자원이 개인이 아니라 집단 전체에 의해 이루어지면 어떻게 될까? 노숙자가 몇 시간씩 기다릴 필요도 없고, 개인 생활의 모든 면을 털

어놓아야 할 필요도 없고, 복지 담당자를 계속 찾아가 재인가를 받을 필요도 없이, 노숙자 집단의(혹은 다른 가난한 사람들 집단의) 일원으로서 집단적인 허가를 받는 것이다.

와그너의 이런 제안들은 (그 자신도 급진적이라고 시인했지만) 노숙 문제라는 현실에 대한 순응을 뜻한다. 노숙 생활을 하는 동안 그들이 웬만큼 살아가는 것을 돕기 위한, 그들이 원하는 방식으로(이렇게 저렇게 살아야만 한다고 공무원들이 생각하는 방식이 아니라) 살아가는 것을 돕기 위한 제안들이다.

반대 의견들

　　　　　노숙 문제에 순응하자는 생각은 모든 방향에서 반대를 불러일으킬 것이다. 자유주의자들은 그런 생각은 노숙자를 '포기'하는 것과 같다고 받아들일 것이다. 하지만 도로 부식에 순응하는 것은 도로를 포기하는 것과 다르다. 노숙 문제에 순응하는 것은 자신을 스스로 돌볼 수 있다고 믿는 가난한 사람들에게 귀를 기울이고, 집을 가진 사람들이 생각하는 도움이 아니라 노숙자들이 원하는 도움을 주는 것이다.

　정치적 스펙트럼의 다른 끝에 서 있는 보수주의자들은 노숙 문제에 순응하는 것은 공짜로 얻어먹는 자들에게 너무 관대하다고 여길 것이다. 노숙자들은 '직업을 가질' 때까지 엄격하게 훈련하고 처벌해야만 한다. 보수주의자들은 그것을 가난한 어부에게 먹을 물고기를 주는 대신에 낚시 도구를 주는 것과 같다고 본다.

　하지만 가장 강력하게 반발하는 이는 공무원들일 것이다. 노숙 문제에 대한 그들의 이권은 단순히 원칙 이상이기 때문이다. 많은 공무원들이 노숙 문제와 '싸우는' 대가로 월급을 받는다. 따라서 노숙 문제가 없어진다면 그들은 생계에 위협을 느낄 것이다. (물론 공무원들은 그 문제를 이런 식으로 표현할 만큼 어리석지 않다.)

  1998년 로스앤젤레스에서는 쇼핑 카트를 훔치면 1,000달러 벌금을 물고 100일 동안 유치장 신세를 져야 했다. 그러자 익명의 기부자가 나서서 '합법적인' 쇼핑 카트 100대를 노숙자들에게 나누어 주려고 했다. 공무원들은 이에 대해 심각한 얼굴로 그것이 "의도는 좋지만 방향이 틀린 것"이라고 발표했다.

가장 강력한 반대

노숙 문제에 순응하는 것은(가난한 사람들이 거리에서 살아가도록 허락하는 것은) 우리 문화의 감옥 문을 열어젖히는 것과 같다. 해방된 불평분자들이 쏟아져 나오게 된다. 그것은 내가 '문명 너머'라고 부른, 사회적·경제적으로 인간이 살지 않는 그 땅을 향한 최초의 거대한 움직임이 될 것이다.

까마귀 부족Tribe of Crow*은 더 이상 억압받지 않고, 아마도 폭발적으로 성장하게 될 것이다.

우리는 그런 일이 벌어지기를 원하지 않는다. 그렇지 않은가? 흠… 원하지 않는다.

그런 일이 벌어지면 혼란스러울 것이다. 아니, 어쩌면 조금은 흥미진진하다고 느낄지도 모른다.

---

* 제5부의 제목이기도 한 이 표현은, 노숙자들을 도시의 대표적인 청소 동물인 까마귀에 비유한 것으로 보인다.(옮긴이)

맨해튼 리버사이드 파크의 헐거운 담장 아래에서 살고 있는 노숙자 카를로스는 제니퍼 토트 기자에게 이렇게 말했다.

"내가 세상을 바꿨기에 우리를 위한 장소가 생겼습니다. 아주 좋은 곳이에요. 우리는 여기서 진정한 자유를 누리고 있습니다. 구멍 속에서 살지도 않고요."

위험한 생각이 아닌가?… 노숙자를 위한 곳이라고?… 아주 좋은 곳?… 진정한 자유?… 구멍 속이 아닌 곳에 말이지?

성벽에 더 많은 경비원을 배치하라. 대문을 더 철저히 잠그고 지켜라.

제6부
새로운 부족 혁명

존재하는 현실과 싸워서는 아무것도 바꾸지 못한다.
무언가를 변화시키기 위해서는
현존하는 모델을 쓸모없는 것으로 만들
새로운 모델을 세워야 한다.

— 벅민스터 풀러 Buckminster Fuller

우리 선조들의 자취는 위대한 망각에 의해 지워졌다.
우리가 해야 할 일은
그 발자국을 그대로 옮겨 심는 것이 아니라
본래의 자취와 마찬가지로
우리 자신의 발자국을 만드는 것이다.

— 칼 콜 Carl Cole, 《19세 Age Nineteen》

까마귀 부족, 그리고 다른 사람들

아버지 덕분에 제프리는 노숙자로 낙인 찍히지 않고 방랑자로 살아갈 수 있었다. 제프리는 분명 일하는 데 전혀 관심이 없었지만, 그를 비웃으며 "일자리를 찾아라!" 하고 말한 사람은 없었다. 제프리는 구호물품에 손을 내밀 필요가 없었기 때문이다. 제프리는 지나치게 운이 좋았을 수도 있다. 그가 노숙자였다면 까마귀 부족의 일원으로서 이 세상에서 살아갈 공간을 찾아야 했을 것이기 때문이다.

물론 누구나 이 부족이 될 수 있는 것은 아니다.

《나의 이스마엘》에서 처음으로 새로운 부족 혁명을 묘사했을 때, 나는 존재를 유추할 수 있지만 눈으로는 한 번도 본 적이 없는 어떤 행성을 묘사하는 우주인과도 같았다. 누군가 질문을 던졌다면, 나는 내가 말하는 것에 관해 단 하나의 사례도 제시하지 못했을 것이다. 어렴풋이 이리저리 더듬으며 일 년을 보낸 뒤에야 나는 예전에 《섭리 : 50년에 걸친 비전 찾기에 관한 이야기*Providence : The Story of a Fifty-Year Vision Quest*》에서 다른 종류의 모델로 다룬 적이 있는 서커스단이 진정 부족적인 방식으로 조직되어 있다는 사실을 깨달았다. (그래서 《나의 이스마엘》 개정판에 이 사례를 덧붙였다.)

그런데 단 한 가지 예밖에 없단 말인가?

또 몇 달을 보낸 뒤에야 나는 내가 자급자족할 수 있는 60~70명 규모의, 인종적 부족 모델이라는 선입견을 갖고 있음을 깨달았다. 나는 규모와 구조에 눈이 팔려 그 집단의 구성원들이 누리는 혜택을 잊고 있었던 것이다.

《이스트 마운틴 뉴스》

문제를 다른 방식으로 바라보게 되면서, 나는 아내 레니와 내가 다른 두 사람과 함께 (완전히 무의식중에) 진정 부족적인 방식으로 생계를 해결했었다는 사실을 깨달았다. 그것은 우리가 뉴멕시코주의 앨버커키Albuquerque 동부 지역에서 《이스트 마운틴 뉴스East Mountain News》를 발행했을 때의 일이었다. 레니와 나는 사실상 자본 없이 위험한 벤처사업으로 신문 발행을 시작했다. 몇 호인가 신문을 찍어낸 뒤, 우리는 햅 비어캠프란 사람에게서 온 전화를 받았다. 신문사에서 오래 일한 그는 강제로 은퇴 생활을 하고 있는 상태였다.(그 나이의 사람을 아무도 고용하려 하지 않기 때문이다.) 비어캠프는 신문에 관한 일이라면 문자 그대로 뭐든 할 수 있다고 말했다. 단 한 가지, 광고를 파는 일만 빼고 말이다. 제니와 나는 그의 기사와 사진이 맘에 든다고, 하지만 광고 영업을 할 사람을 찾지 못하면 우리는 곧 망할 수밖에 없다고 답했다. 이에 그는 영업도 시도해 보겠다고 말했다. 수 주일이 지났을 때, 작가가 되기를 갈망하는 C. J. 하퍼라는 젊은 여성이 연락을 해왔다. 그녀는 우리가 좋아할 만한 칼럼과 관련된 아이디어를 갖고 있었다. 우리는 그 칼럼이 마음에 들었고 그녀 또한 마음에 들었다. 다음 질문은 역시 마찬가지로 "광고 영업을 할 수 있습니까?"였다.

"네, 광고 영업을 할 수 있어요" 하고 그녀는 답했다.

어째서 잘 되었을까?

갑작스레 우리는 사업을 벌이게 되었다. 아주 수수한 형태였지만 말이다. 우리 가운데 아무도 정기적으로 급료를 받지 않았다. 한 주가 끝나고 그 주일의 신문이 나오면 레니는 C. J.와 햅과 앉아서 인쇄비를 지불하고 남은 광고 수익을 배분했다. 광고 수입으로 지불할 수 있는 분량의 신문을 찍는 것이 우리의 규칙이었다. 12면 신문을 찍을 수 있을 만큼 광고를 팔았을 때는 12면을 발행했다. 그러면 그 주는 '멋진 주'였다. 8면밖에 찍을 여유가 없을 때는 8면짜리 신문을 냈다. 그만큼만 되어도 '괜찮은 주'에 속했다.

신문 발행은 두 가지 이유 덕분에 가능했다. 우선 우리는 아주 낮은 수준의 생활을 즐겁게 받아들였다. 그래서 신문을 내고 얻는 수입만으로도(정상적인 기준에서 보면 쥐꼬리만 한 것이었지만) 충분했다. 두 번째로, 신문은 우리에게 단순히 돈을 벌기 위한 수단이 아니었다. 우리는 모두 그 신문을 사랑했고 각자가 신문 발행에 기여하는 부분을 몹시 자랑스럽게 생각했다. 햅이 찍은 사진은 대도시에서 발행되는 어떤 신문에 실린 사진보다 훌륭했다. C. J.의 칼럼 또한 환상적이었다. 레니가 쓴 특집 기사와 취재 기사는 저널리즘 학교에서 예문으로 써도 될 정도였다. 나는 훗날 《이스마엘》이란 제목으로 나온 소설의 여섯 번째 버전과 씨름하고 있었던 탓에 신문 작업에는 일주일에 사흘밖에 시간을 낼 수 없었다. 하지만 신문의 디자인과 조판 작업을 하면서 글 쓰는 일에서 벗어나 휴식을 취할 수 있었고, 내가 즐기는 다른 일을 할 기회도 가졌다.

우리는 규모 면에서 인종적 부족과 거리가 멀었고 공동체 생활을 하는 것도 아니었다. 하지만 우리는 부족 생활이 줄 수 있는 가장 큰 혜택을 누렸다.

서커스단 vs 《이스트 마운틴 뉴스》

서커스 단원들처럼 우리 한 사람 한 사람은 전체의 성공에 필수적인 일을 맡고 있었다. 서커스단에서와 마찬가지로, 최악의 일은 대장의 몫이었다.(여기서는 레니가 그 일을 맡고 있었다.) 누구도 레니를 부러워하지 않았고, 그녀가 지나치게 돈을 많이 받는다는 생각은 꿈에도 하지 않았다.

서커스단에서와 꼭 마찬가지로, 신문이 돈을 벌어야 한다는 사실을 누구나 알고 있었지만 돈을 버는 것이 목표는 아니었다. 서커스 단원들처럼, 우리에게는 우리 자신에 알맞은 생계유지 방식이 있었다. 그것을 지켜나가기 위해서는 신문을 계속 발행해야 했다. 우리는 모두 그 신문이 필요했다.

이 문제를 두고 토론한 적은 없다. 하지만 서커스단원들과 마찬가지로 우리는 신문을 계속 발행해야만 신문이 우리를 유지해 준다는 사실을 알고 있었다. 부족 생활에는 얼마간 더 많은 구성원이 필요한데, 좀처럼 그런 사람을 찾을 수 없다는 점이 유일한 문제였다.

대장은 엄청난 일거리들을 나눌 다른 사람이 필요했다.(우리가 로드 아일랜드 넓이의 지역을 대상으로 하고 있었다는 점을 감안하면, 일거리는 많을 수밖에 없었다.) 레니는 점점 녹초가 되어갔다. 하지만 우리와 운명을 함께하면서, 자신들도 신문을 통해 생계를 유지할 수 있게끔 사업을 확장시켜갈 사람이 나타나지 않았다. 몇몇 사람들이 고용해 줄 수 있냐며 찾아왔지만, 그들은 임금에만 관심이 있었다. 받을 수 있는 돈이 얼마나 형편없는지 알게 되면 발길을 돌렸다. 그들은 우리가 하는 것처럼 신문에서 나오는 수입으로 살고, 신문의 성공을 자신의 성공으로 만드는 것에 만족하지 못했다.

신문의 성공과 실패

그 신문이 놀라운 성공을 거두었던 것은 부족적인 방식으로 시작되었기 때문이다. 레니와 나는 자본금을 거의 들이지 않고 사업을 시작했다.(현금이 아주 조금 있었고, 인쇄 장비는 레니의 오빠 제임스가 낡아서 쓰지 않던 것을 넘겨주었다.) 일반적인 방식으로 신문사를 만들고, 전원이 정상적인 임금을 받는 인력으로 구성되었더라면 아마 수십만 달러가 들었을 것이다. 또한 일반적인 방식으로 신문을 냈더라면 손익분기점에 도달하는 데 5년 이상 걸렸을 것이다. 그 지역은 몹시 넓은 데 비해 광고 기반은 상대적으로 약해서, 돈을 염두에 두고 신문을 발행하려는 사람이 매력을 느낄 만큼 충분한 이익을 낼 수 없는 곳이었다. 실제로 우리가 신문사를 매각한 뒤에(산 사람은 신문을 사업으로 운영하려고 한 지역의 부동산 중개업자였다) 그 신문은 곧 망해버렸다.

현실적인 관점에서 보면, 그 지역에는 신문을 사업으로 운영할 수 있을 만한 기반이 없었다. 그 지역에서 가능한 것은 약간의 기사가 실린 광고용 무가지 정도였다. 실제로 《이스트 마운틴 뉴스》가 폐간되자 그 자리는 곧장 무가지로 대체되었다.

부족주의의 혜택

앨버커키에서 발행된 신문은 이례적인 살인 사건이라도 나면 모를까 산의 '이쪽 편', 그러니까 우리 지역의 뉴스를 다루지 않았다. 《이스트 마운틴 뉴스》가 창간되자 주민들은 자신이 사는 지역에서 어떤 일이 일어났는지(학교 행사, 정치적 사건, 사회적 사건 등등) '뉴스'로 간주되는 생활의 모든 측면을 처음으로 알 수 있게 되었다. 주민들은 의식하지 못했지만, 그것은 신문을 부족적으로 운영하려는 우리의 의욕에서 나온 혜택이었다. 일반적인 방식이었다면 우리는 진정한 신문을 발행할 수 없었을 것이기 때문이다.

나는 개인적으로 《이스트 마운틴 뉴스》를 '진짜' 신문으로 만들려는 생각은 없었다. 나의 사업 목표는 광고를 함께 싣는 것이었다. 한 번은 이런 일이 있었다. 신문을 한 번은 4면, 한 번은 8면으로 가까스로 낸 뒤에 모두가 위기감을 느끼고 있을 때 내가 말했다. "우리 그냥 무가지를 해보면 어떨까요?"

이 말은 즉각적으로 모든 사람의 반대에 부딪혔다. 레니와 햅, C. J.는 그것이 신문이기 때문에 일하는 것이지, 그 신문이 돈을 벌기 때문에 일하는 것이 아니었다. 무가지를 만들면 돈을 더 많이 벌 수 있으리란 사실은 그들에게 아무 의미가 없었다. 무가지가 되면 그들이 원했던 것을 얻을 수 없을 테고, 단지 돈을 더 많이 받는다는 사실로는 그 손실을 메울 수 없었다.

여기서 중요한 점은 우리가 부족이 됨으로써 무언가를 '포기'한 것이 아니라는 사실이다. 우리는 부족이 됨으로써 무언가를 '얻었다.' 다른 방법을 통해서는 불가능했을 어떤 것을 말이다. 우리는 고상하고 이타적이어서 부족이 아니었던 것이 아니라, 탐욕스럽고 이기적이었기 때문에 부족이었다.

햅과 C. J.는 어떻게 되었나?

신문은 우리 모두에게 생활 방편을 제공해 주었다. 햅에게 새 타이어가 필요했을 때, 우리는 지역 타이어 회사의 광고를 실어주고 타이어를 받았다. C. J.가 전화기를 사기 위해 보증인이 필요했을 때 우리는 모두 함께 서명했다. 만약 입장이 바뀌었다 해도 우리가 해준 것을 그들도 우리에게 해주었을 것이라는 점을 한순간도 의심해 본 적이 없다.

신문사를 팔았을 때, 우리는 새 소유주에게 햅과 C. J.를 계속 일하게 하라고 아주 강력하게 추천했다. 하지만 그에게는 명확하게 다른 생각이 있었다. 햅은 그 신문을 통해 어느 정도 유명인사가 되어 있었기에 아무 어려움 없이 토런스 컨트리Torrance Country의 《시티즌Citizen》지로 옮겼다. 그 신문의 발행 범위는 우리 신문의 남부와 겹쳤다. 내가 이 글을 쓰는 지금도 햅은 여전히 거기서 일한다. 《섭리》의 책 표지에 실린 내 사진은 우리가 1993년 그 지역을 방문했을 때 햅이 찍어준 것이다.

  C. J.는 결혼해서 그 지역을 떠났다. 그러고는 지금까지 소식이 끊겼다. 혹시 그녀를 만난다면, 우리가 그녀의 소식을 듣고 싶어 한다고 전해주기 바란다.

부족적 사업 : 성공 요인

부족이 된다고 해서 당연히 성공하는 것은 아니다. 성공에 필요한 표준적인 요인들은 부족적 사업에서도 마찬가지다. 우리 경우에는 신문에 대한 대중의 욕구가 존재해야 했고, 광고할 지면을 찾는 많은 사업체가 있어야 했다. 우리는 이 두 가지를 모두 갖추고 출발했다.

게다가 신문사를 만드는 데 우리와 운명을 함께할 준비가 되어 있는 두 사람을 만났다는 점에서 레니와 나는 믿을 수 없을 만큼 운이 좋았다. 그들은 신문을 통해 (한 밑천 잡는 것이 아니라) 생활비를 버는 데 만족하고, (우리와 마찬가지로) 아주 적은 돈으로 살아가는 사람들이었다. 이렇게 조건이 좋았으므로 우리가 실패할 가능성은 거의 없었다.

부족적 사업이 성공을 거두기 위해 필요한 최소한의 조건은, 그 집단이 이런 사람들로 구성되어 있어야 한다는 것이다. (1)그중에는 그 사업을 시작하고 운영하는 데 필요한 모든 역량을 갖춘 사람이 있고 (2)구성원들이 수수한 생활수준에 만족하고 (3)구성원들이 기꺼이 '부족적으로' 생각할 수 있어야 한다. 이는 곧, 정해진 급료를 기대하지 않고 필요한 것은 사업을 통해 구할 수 있어야 한다는 뜻이다.

어떤 사업이 해당될까

내가 아는 한, 통상적인 방식으로 성공할 수 있는 사업체는 부족적 방식으로도 성공할 수 있다. 약간의 예외는 있지만 말이다. 특정한 개인의 일을 중심으로 성립된 사업체는 부족적인 접근 방식에 적당해 보이지는 않는다. 예를 들어 개인 병원에서 내과의사와 스텝들이 부족적으로 함께 일하는 모습을 상상하기란 어렵다. 내과의사가 하는 일과 나머지 사람들이 하는 일 사이의 불균형이 너무 크기 때문이다. 반면에 부족적으로 운영되는 큰 병원은 생각해 볼 수 있다. 큰 병원에서 내과의사는 외과의사가 하는 만큼, 행정 담당자가 하는 만큼, 마취 전문의가 하는 만큼 일하면 되기 때문이다. 작가가 하는 일을 부족적으로 하는 방식은 (자비 출판이라면 얘기가 다르겠지만) 아직 생각해 내지 못했다.

몇 가지 사례를 더 들자면, 식당과 잔디 관리 사업이나 건축업 등은 모두 부족적으로 이뤄질 수 있다.(많은 곳이 이미 그런 방식으로 운영된다고 확신한다.) 앞에서 정의했듯 부족이 생활비를 벌기 위해 동등하게 함께 일하는 사람들의 연합에 지나지 않는다는 점을 기억하자. 그러므로 부족적인 방식으로 운영되는 사업의 종류에는 한계가 없다.

새로운 부족적 사업

나는 나 자신을 '역할 맡지 않은 자 Leaver'로 여기느냐는 질문을 종종 받곤 한다. 예전에 나는 "절대 아니에요. 나는 여러분과 마찬가지로 '역할 맡은 자'의 경제 체계에 갇혀 있는 죄수일 뿐입니다. 내 책을 찍고, 배포하고, 팔아주는 거대한 기업 조직에 전적으로 의존하고 있으니까요"라고 대답했다. 그런 다음, 단 10퍼센트라도 그런 조직에 대한 의존성을 줄일 수 있으면 정말 기쁘겠다고 덧붙이곤 했다. 그러면 감옥으로부터 적어도 10퍼센트의 자유는 누리는 것이 될 테니까 말이다. 레니와 나는 최근 들어서야 겨우 그 10퍼센트를 성취하기 위한 결정적인 발걸음을 뗄 수 있게 되었다.

나는 '상업적' 가치가 전혀 없거나 거의 없는(출판사들에게 매력적이지 않은) 글을 많이 쓴다. 그렇다고 독자들도 전혀 그런 글에 관심이 없는 것은 아니다. 그런 글을 원하는 독자의 손에 전달하기 위해 (또한 10퍼센트의 자유를 얻을 수 있기를 희망하면서) 레니와 나는 뉴 트라이벌 벤처스New Tribal Ventures라는 회사를 만들기로 결정했다. 미국 출판업이라는 기업 체계의 바깥에서 내 글들을 독자들에게 전하는 역할을 하게 될 곳이다. 예컨대 내가 쓴 두 권의 짧은 책 《저주받은 자들의 책The Book of the Damned》과 《아담 이야기The Tales of Adam》에는 내 생각이 가장 강력한 형태로 표현되어 있지만, 모든 사람들이 '상업적으로' 적당하지 않다고 지적했다. 이 책들은 2부작으로 묶여 뉴 트라이벌 벤처스에서 《정령 신앙 성서An Animist Testament》란 제목으로 간행할 예정이다.

부족적 업무와 조직 패턴

네오 퓨처리스트Neo-Futurist*에서는 부족 구성원 모두가 극본 쓰기, 연기하기, 표 팔기, 청소하기 등 모든 일을 한다. 쿨페퍼 앤드 메리웨더 그레이트 컴바인드 서커스Culpepper and Merriweather Great Combined Circus에서도 마찬가지다. 역시 모든 구성원이 텐트 세우기, 동물 돌보기, 공연하기 등 모든 일을 한다.

《이스트 마운틴 뉴스》는 다른 방식으로 조직되었다. 햅과 C. J.는 뉴스를 취재하고 광고 영업을 했다. 나는 광고를 정리하고, 조판하고, 원고 교열을 맡았다. 레니는 모든 뉴스를 정리하고, 레이아웃을 짜고, 경영과 관련된 모든 잡무를 책임졌다. 나중에 드러난 것처럼 이런 잡무들은 너무나 많았다. 하지만 누구도 부족적인 방식으로

---

* 그레그 앨런Greg Allen이 1988년에 설립한 실험극단. 20세기 초반 이탈리아의 미래주의 운동에서 영감을 받았으며 정직과 속도, 간결함의 미학을 근간으로 한다. 1988년 시카고에서 〈너무 많은 빛은 아이를 눈멀게 한다Too Much Light Makes the Baby Go Blind〉를 초연했으며 실험적인 공연을 계속하고 있다.(옮긴이)

레니를 돕지 않았기 때문에 그녀의 짐을 덜어주기 위해서는 사람을 고용해야 했다. 하지만 우리에게는 그럴 만한 돈이 없었다.

우리는 한 가지 중요한 잡무를 누구도 맡지 않고 있다는 사실을 깨닫지 못했다. 그건 마케팅에 해당하는 종류의 일이었다. 우리 중 누구도 이 일을 맡아서 부족적 삶의 지평을 넓히지 않았다. 그 결과, 사업 감각과 경험이 없었던 우리는 넘을 수 없는 높은 벽에 맞닥뜨리게 되었다. 우리는 레니를 돕기 위해 사람을 고용해야 했지만 그것은 불가능했다. 왜냐하면 우리는 부족 구성원을 찾고 있었기 때문이다. 게다가 우리는 우리가 부족 구성원을 찾는다는 사실조차 의식하지 못하고 있었다.

부족이 스스로 살아가기 위해서는 성공을 위해 필요한 모든 기능을 수행해야 한다. 장식장을 만드는 부족은 장식장 파는 방법을 아는 구성원 없이는 성공할 수 없다.

요람에서 무덤까지 안전하게?

의심할 여지없이 인종적 부족 생활에서 누릴 수 있는 가장 큰 혜택은 구성원들이 요람에서 무덤까지 안전을 보장받을 수 있다는 점이다. 내가 항상 첫 번째로 강조하듯이, 부족 사람들이 성자와 같다거나 이기심이 없어서 그런 결과가 나오는 것은 아니다. 개코원숭이나 고릴라, 침팬지도 그들의 사회 조직 속에서 똑같은 종류의 안전을 누린다. 그런 안전을 제공하는 조직은 그렇지 않은 조직과 비교해 분명히 더 쉽게 구성원들을 붙들어 맬 수 있다. 다시 강조해 그것은 자연 선택의 문제다. 구성원을 잘 돌보지 못하는 그룹은 강한 충성심을 강요할 수 없다. (그리고 오래 유지될 수도 없을 것이다.)

그렇다면 직업 세계의 부족들도 구성원들에게 그런 안전을 보장해 줄까? 즉각적으로 그런 일이 가능한 것은 아니다. 형제가 둘이서 함께 일반적인 사업을 시작했다고 해보자. 이런 경우 둘 중 한 사람이 평생 월급을 모두 보장받고 그 다음날 곧바로 은퇴할 수는 없다. 그가 20년 동안 사업 준비를 도왔고, 그동안 사업이 시작되면 은퇴하길 내내 희망해 왔다 하더라도 그렇다.

인종적 부족들이 구성원들에게 요람에서 무덤까지 안전을 보장해 줄 수 있다는 사실은 그들이 가진 부를 나타내는 진정한 기준이다. 우리 문화 속에 사는 사람들은 전기 제품과 기계, 오락거리를 풍부하게 갖고 있지만 직업을 잃었을 때 나타날 끔찍한 결과를 늘 염두에 두고 있다. 어떤 사람들에게는(아주 많은 사람들에게는) 세상이 끝나는 것과 같은 의미다. 그들은 미친 듯이 화를 내면서 가까이 있는 자동 무기를 집어 들어 옛 상사들에게 발사하고 스스로 머리에 총을 쏘는 것으로 인생을 끝낸다. 그들은 안전하다는 기분을 느낄 수 없기 때문에 그러는 것이다.

노년층 부양 문제는?

나는 "젊은 연기자들이 은퇴한 서커스 연기자들을 부양하는지?"란 질문을 받아왔다. 인종적 부족의 노년층을 부양하는 방식으로 말이다. 그런 것은 서커스단의 삶이 돌아가는 방식이 아니다. 또한 인종적 부족의 삶이 돌아가는 방식도 아니다. 나이 든 사냥꾼들은 젊은 사냥꾼들에 의해 '부양'받지 않는다.

우선 서커스단에는 연기자만 있는 게 아니다. 연기자들보다 다른 일을 하는 사람들의 숫자가 더 많다. 영화 스크린에서 보는 배우들보다 그 이미지를 스크린에 올려놓기 위해 일하는 사람들이 훨씬 더 많은 것과 같은 이치이다. 두 번째로 '은퇴한 서커스 연기자들'이란 말은 서커스단 생활의 현실과 동떨어진 말이다. 인종적 부족에 대해서도 마찬가지다. 인종적 부족에는 '은퇴한 사냥꾼' 같은 것은 없다. 연기자들이 더 이상 연기할 수 없게 되면 그들은 서커스단 안에서 다른 일을 하게 된다. 줄타기나 곡예를 할 수 없게 되었다는 이유만으로 '부양'받을 필요가 없다.

노년층 '부양'을 위한 모델로 어떤 것을 생각하고 있는지? 그 모델에 최첨단 병원 시설에서 받는 의료 서비스 같은 것이 포함되어 있다면, 분명히 어떤 부족도 그런 것을 제공해 주지는 못한다. IBM이나 제너럴 모터스 같은 대기업도 직원들이 이용할 수 있는 병원을 운영하지는 않고 건강 보험을 제공한다. 모든 부족이 마찬가지다.

생각하는 모델에 음식과 옷, 비바람 피할 곳, 인종적 부족의 노인들이 받는 것과 같은 종류의 관심이 포함된 것이라면, 직업 세계의 부족 속에서도 그런 것들은 완벽하게 이루어진다.

마음의 부족들

사람들은 직업 세계의 부족을 종말론 이후의 환상 세계 정도로 여기는 경향이 있다. 그래서 내가 직업 세계의 부족들도 (원한다면) 의료보험과 은퇴 후의 계획을 가질 수 있다고, 정부는 다른 사람들에 대해서와 마찬가지로 직업 세계 부족민들의 세금과 사회보장비를 징수하는 데 여전히 관심이 있을 것이라고 지적하면 깜짝 놀란다. 그러고는 그들은 묻는다. 그렇다면 우리가 하고 있는 일의 핵심은 무엇인가? 이 세상이 예전과 똑같이 진행될 거라면 구태여 신경 쓸 이유가 없지 않은가? 이런 질문에 대한 대답은 아직까지 충분히 이뤄지지 못했다.

우리 문화는 우리가 필요로 하는 것이 구세주라고 가르친다. 예수와 제퍼슨, 달라이 라마, 교황, 간디, 고르바초프, 나폴레옹, 히틀러, 스탈린 등을 모두 합친 성 아놀드 슈워제네거 St. Arnold Schwarzenegger 같은 사람이 필요하다고 가르친다. 우리 문화에 따르면 나머지 60억 명의 우리는 무언가를 하기에는 몹시 무력하다. 우리는 성 아놀드 슈워제네거가 올 때까지 조용히 앉아서 그저 기다려야만 한다.

나 대니얼 퀸은 어떤 사람도 혼자 힘으로 세계를 구할 수 없다고 가르친다. (만약 세계가 구원된다고 하면) 그것은 우리들 수백만 명이 (궁극적으로는 수십억 명이) 새로운 방식으로 살 때 가능하다. 1,000명이 새로운 방식으로 사는 것으로는 지배적인 세계 질서를 뒤흔들 수 없다. 하지만 1,000명은 10만 명에게 새로운 생각을 불어넣을 수 있고, 10만 명은 100만 명을, 100만 명은 1억 명을 고무할 수 있다. 그러면 세계 질서가 삐걱거리는 것처럼 보이기 시작할 것이다!

(이제 누군가 "지배적인 세계 질서가 흔들리기 시작하면, 내 의료보험은 도대체 어떻게 되는 겁니까?" 하고 질문할 차례다.)

부족은 곧 그 구성원이다

컬럼비아대학교의 한 교수가 교수단이 곧 대학이라고 주장한 일이 있었다. 그러자 대학총장인 전前 미국 대통령 드와이트 D. 아이젠하워Dwight D. Eisenhower는 교수단은 대학의 고용인이라고 곧바로 반박했다. 내가 부족의 구성원은 부족의 고용인이 아니며 그들이 곧 부족이라고 말해도 아이젠하워는 반대하지 않을 것이다. 실제로 이것이 전적으로 다른 점이다.

부족은 곧 구성원이며, 구성원들이 원하는 모습 그대로이다. 그 이상도 이하도 아니다. 우리가 속한 부족의 구성원들이 인종적 부족처럼 요람에서 무덤까지 안전이 보장되기를 기대한다면 그렇게 만들게 된다. 하지만 열린 부족의 세계에서는 그런 것이 필수적인 요건이 아니며 그다지 큰 의미를 지니지도 않는다. 열린 부족의 세계에서는 남편과 아내가 각기 다른 직업 부족에 속할 수 있고, 자녀들 역시 부모와는 다른 부족에 속하길 원할 것이다. 다양성에 대한 이런 개방성이 전체적인 핵심이다.

부족은 함께 밥벌이를 하는 사람들의 조직이다. 거기에 유일하게 옳은 방법이란 없다.

창조적으로 되어보자.

도대체 왜 밥벌이를 해야 하는 건데?

때때로 사람들은 내가 하는 제안을 두고, '밥벌이' 문제와 관련해 (부족적이든 아니든) 입맛에 맞지 않고 불필요한 부분이라는 반응을 보인다. 새로운 혁명이 알려진 그대로라면, 우리는 '밥벌이'를 해야 할 필요도 없어야 한다고, 하늘의 새처럼 자유롭게 살 수 있어야 한다고 생각하는 것 같다.

정확히 그렇다. 그런 생각이 전체적인 핵심이라고 그들은 말할 것이다.

그들이 오해하고 있는 부분은 새로운 부족 혁명에 관한 것이 아니라, 하늘을 나는 새들에 관한 것이다. 참새는 말 그대로 '새처럼 자유로울' 수 있다. 그렇다고 참새들이 밥벌이를 하지 않아도 된다는 뜻은 아니다. 그와는 반대로, 지구상의 모든 생명체는 먹고살기 위해 움직여야 한다. 각다귀도, 거위도, 돌고래도, 침팬지도, 거미도, 개구리도 모두 생존에 필요한 것을 얻기 위해 에너지를 써야 한다. 영양을 섭취해 생명을 유지하는 생명체 중에 가만히 누워서 아무것도 하지 않고 일생을 보내는 것은 없다. 식물들도 살기 위해 뭔가를 한다. 식물들은 일종의 가내 공업처럼, 태양으로부터 에너지를 받아들여 바쁘게 자신들의 구성 요소로 변환시키는 작은 공장들과 같다.

실제로 부족은 구성원들이 모두를 위해 밥벌이하는 것을 보다 쉽게 해주는, 놀랍도록 효율적인 사회 조직이다. 문명이 소수 특권층에게만 그것을 쉽게 해주고 나머지 모두의 밥벌이를 힘들게 하는 것과는 다르다.

부족의 다른 예

네오 퓨처리스트는 관객과 상호작용하는 무대를 통해 사회적·정치적·개인적 각성을 꾀하기 위해 연극 대본을 쓰고, 감독하고, 공연하는 예술가들이다.(이런 내용은 네오 퓨처리스트가 홈페이지에 제시해 둔 목표다.) 이들은 '테크놀로지를 아주 조금만 사용하거나 전혀 사용하지 않는 무대 형식'을 토대로 〈너무 많은 빛은 아이를 눈멀게 한다〉라는 제목 아래 공연시간 60분 동안 계속 내용이 변하는 30개 스토리로 구성된, 전례 없이 포스트 모던한 공연을 선보인다. 이 특징적인 공연은 (이 글을 쓰고 있는 현재) 1988년 12월 1일 이래 시카고에서 계속 상연되고 있으며, 1993년에는 뉴욕 조지프 팹 공연장Joseph Papp Public Theater에서도 성공적으로 공연을 마쳤다. 1992년에 네오 퓨처리스트는 154석 규모에 화랑까지 딸린 네오 퓨처라리엄Neo-Futurarium이라는 자체 공연장을 마련했다.

무대 위에서 공연하는 배우들의 숫자는 평균 여덟 명 정도지만,

극단에서 활동하는 사람들은 모두 열세 명이다. 이들 열세 명은 〈너무 많은 빛은 아이를 눈멀게 한다〉의 대본을 쓰고, 감독하고, 공연하는 일 외에도 매표소에서 표를 팔고, 청소하고, 무대를 개조하고, 프로그램을 만들고, 소도구를 구매하는 일 등등 극단 및 공연과 관계된 모든 일을 사실상 함께하고 있다.

그럭저럭 먹고살기

집시를 비롯한 유랑 민족들을 연구한 인류학자 샤론 본 그멜치Sharon Bohn Gmelch는 그들이 살아남은 여러 가지 이유를 제시했다. 그들은 경비를 낮게 유지했으며 '물질적인 축적과 자본 확장'에 관심이 거의 없었다. 그들은 "'변변찮은' 기회를 이용하는 것"을, 경제의 "부족한 것을 이리저리 보충하는 것"을, "다양한 경로를 통해 작은 이익을 얻는 것"을 기꺼이 받아들였다. 한마디로 말해, 그들은 그럭저럭 먹고살기에 관해 경험이 풍부했다. 우리 부부가 마드리드에 살았을 당시 그곳 주민들처럼, 혹은 《이스트 마운틴 뉴스》에서 일했던 우리 네 명처럼 말이다. 우리 중 누구도 신문을 통해 생활비의 100퍼센트를 벌지 못했다.

네오 퓨처리스트 단원들도 마찬가지다. 그들의 목표는 극단을 통해 생계를 해결하는 것이지만, 창립자 그레그 앨런에 따르면 1998년 무렵 단원들 대부분은 수입의 겨우 20~50퍼센트만을 극단에서 얻고 있었다.(앨런 자신은 컬럼비아대학교에서 연극사를 가르쳐 부족한 수입을 메웠다.) 단원들은 파트타임으로 마사지 치료사, 운동 트레이너, CD-ROM 라이터, 초음파 기사, 점성술사, 비서, 웨이터 등으로 일했고, 한 사람은 '유명한 펑크 밴드의 진정한 록스타'였다고 한다.

단원 중 한 사람인 게릴 로빈슨Geryll Robinson은 이렇게 썼다.

"나는 주식회사 미국을 지지하거나 그에게 지원받지 않으면서 내 삶을 꾸려갈 수 있길 원했다. 하지만 할 수가 없었다. 나는 돈을 받기 위해 갖가지 이상한 일을 했고, 때로는 지저분한 일도 받아들였다… 시카고에 갔다가 〈너무 많은 빛은 아이를 눈멀게 한다〉을 보았다. 나는 그 속에 들어가고 싶었다. 그래서 시카고로 이사해서 오디션을 보았다. 이제 나는 그들 가운데 속해 있다. 내 삶은 좋다. 아주 좋다."

X는 부족이 될 수 없는가?

이 물음 속에서 X는 여러 다른 형태가 될 수 있다. 예를 들어 통상적인 기존 사업체가 부족적인 것으로 전환될 수 있는지에 관한 질문이 있다. 아마 가능하겠지만 꽤 어려울 것이다. 통상적인 사업체에서는 관련한 사람들 대다수가 임금을 받기 위해 일한다는 사실이 가장 큰 문제다. 임금 피라미드의 위쪽에 올라와 있는 사람들은 내려가려 하지 않을 것이다. 이들이 더 적은 임금을 받고 만족하지 않듯이, 임금을 더 받는다 해도 부족적 사업에 만족하지 않을 사람도 있다. 그들은 그저 맡은 일을 한 다음 집에 가길 원할 따름이다. 그렇다고 기존 사업체가 부족적 사업체가 되는 것이 완전히 불가능하지는 않다.

내가 휴스턴에서 세미나를 열었을 때 한 학생은 이런 질문을 했다. 한 무리의 사람들이 그냥 모여서 부족적으로 살면 안 되냐는 것이었다. 밥벌이는 다른 곳에서 개인적으로 하면서 말이다. 물론 가능하고 꽤 멋진 방법이다. 다만 그것은 코뮌commune, 주민공동체이지 부족은 아니다. 엄밀하게 따졌을 때 그들은 함께 생계를 해결하지 않기 때문이다.

그런데 부족은 코뮌이 될 수 없는 걸까? 또, 코뮌은 부족이 될 수 없을까?

이 질문을 제대로 파악하기 위해서는 어느 정도 배경에 관한 이해가 필요하다.

공동체와 부족 : 기원

우리가 살고 있는 대부분의 공동체들은 톱시Topsy*처럼 부모 없이 그냥 자라났다. 100년쯤 전에(아니면 200년 전 혹은 500년 전에) 여러 가지 물건을 파는 건물이 있었다. 사료 가게, 정육점, 말과 마차를 빌려주는 가게, 대장간, 선술집이 모여 있었다. 얼마 지나지 않아 은행이 들어왔고 포목점, 하숙집, 법률사무소, 이발소, 병원도 생겼다. 건물에서 장사하는 모든 사람들은 어느 정도까지는 공동체의 성공에, 그리고 다른 사람들의 성공에 자신의 이해관계가 걸려 있다는 사실을 알았다. 은행가는 식료품점이 잘되기를 바랐다. 하지만 식료품점 주인이 스미스Smith든 존스Johns든 은행가에게는 아무 상관이 없었다. 하숙집 주인은 이발소가 성

---

* 해리엇 비처 스토우Harriet Beecher Stowe가 쓴 《톰 아저씨의 오두막Uncle Tom's Cabin》에 나오는 등장인물. 여기서 'growed like Topsy 톱시처럼 자란다'라는 표현이 유래되었는데, (1)아무것도 없는 데서 그냥 생겨난 것 (2)되는 대로 자라는 것, 이 두 가지 뜻을 지닌다.(옮긴이)

공하기를 바랐다. 하지만 이발사가 앤더슨Anderson이든 애덤스Adams든 하숙집 주인에게는 아무 상관이 없었다.

코뮌은 절대 이런 우연한 방식으로 시작되지 않는다. 코뮌은 '의도적인' 공동체다. 공동의 이상을 추구하며 함께 살기를 원하는 사람들이 코뮌을 만들며, 대개는 어느 정도 고립된 삶을 택한다. 코뮌은 함께 사는 것에 관한 문제로, 함께 일하는 문제에 대해서는 이럴 수도 있고 저럴 수도 있다.

부족은(물론 여기서 내가 말하는 것은 '새로운' 부족이다) 함께 생계를 유지하기 위해 에너지와 기술을 공유하기를 원하는 사람들이 만든다. 부족은 함께 일하는 것에 관한 문제다. 함께 사는 문제에 대해서는 이럴 수도 있고 저럴 수도 있다.

공동체와 부족 : 구성원

일반적인 공동체는 법률과 관습이 용인하는 범위 안에서 특정 종류의 사람들만 빼놓고 나머지 모든 사람들에게 열려 있다. 다시 말해 그 공동체가 혐오하는 특정 인종 집단이나 종교, 사회계급에 속하지 않는 사람이라면 누구나 공동체의 일원이 될 수 있다.

코뮌의 방식은 정반대다. 코뮌은 특정 사람들을 제외한 나머지 모든 사람들에게는 닫혀 있다. 다른 말로 하자면, 그룹의 (사회적 · 정치적 · 종교적) 특정 가치를 받아들이지 않으면 코뮌에 들어갈 수 없다. 부족의 제1원칙은 이렇다. '당신 자신을 포함함으로써 생계를 확장시킬 수 있는가?' 하는 것이다. 다른 말로 하자면 부족의 생업을 통해 살아가려는 사람은 부족이 자신까지 떠맡을 수 있도록 부족의 밥벌이 능력을 확장시켜야 한다. 햅과 C. J.가 《이스트 마운틴 뉴스》에서 했던 일이 정확히 그것이었다. 그들이 광고를 팔아서 신문의 밥벌이 능력을 확장시키지 않았다면 우리는 그들을 받아들일 수 없었을 것이다.

부족은 코뮌이 될 수 없는가?

앞에서 말한 것처럼 부족은 함께 일하는 사람들이며, 같이 살 수도 있고 그렇지 않을 수도 있다. 하지만 부족 사람들은 코뮌을 형성하지 않고도 함께 살 수 있다. 집시, 노르웨이의 테이터Taters*, 아일랜드의 트래벨러Traveller**, 인도의 난디왈라Nandiwalla*** 등 장인과 중개상, 엔터테이너를 겸하고 있는 소수 민족들에 관해 연구한 인류학자 샤론 본 그멜치는 이 그룹들의 사회 조직이 유연하며 "핵심부는 코뮌과 같은 성격이 아니다"라는 점에 특별히 주목했다.

부족이 코뮌이 되는 문제에서 내가 어려움을 느끼는 부분은 전통적으로 코뮌이 구성원을 선발하는 방식은 공통된 이상理想에 기반

---

* 16세기에 스칸디나비아 반도로 건너온 집시 일파. 19세기 후반 이 지역에 도착한 다른 집시들과는 구별되는 집단이다.(옮긴이)
** 아일랜드에 주로 살고 있는 유목민. 2006년 인구 조사에서 아일랜드 인구의 약 0.5퍼센트를 차지하는 것으로 추산되었다. 영국과 미국에도 트래벨러가 살고 있다.(옮긴이)
*** 인도 마하라슈트라주Maharashtra州의 유랑 카스트.(옮긴이)

제6부 새로운 부족 혁명

한다는 점이다. 공통된 이상은 부족민 지원자에게는 적절하지 않다. 공통된 이상보다 더 중요한 질문은 "당신 자신까지 포함해 우리의 생계를 확장시킬 수 있는가?"이다.

《이스트 마운틴 뉴스》에서 일할 당시, 우리는 '코뮌으로 출발'해야 한다는 생각을 전혀 해본 적이 없다. 그런 것은 우리에게 웃기는 얘기일 뿐이었다.

부족은 함께 사는 것에 관한 문제가 아니라 함께 밥벌이를 하는 것에 관한 문제다.

코뮌은 부족이 될 수 없는가?

대답은 이렇다. "가능하다. 코뮌은 확실히 부족이 될 수 있다. 다만 문제가 있는 방식으로 시작되었을 뿐이다."

코뮌은 일반적으로 '모든 것으로부터 떠나기를' 원하는 사람들에 의해 시작된다. 그들은 부패하고 물질적이며 불공정한 사회로부터 스스로 격리시키고, 비슷한 이상을 가진 사람들과 더불어 대개는 '자연 가까이' 살려고 한다. 그들은 단순하게 살기를 원하므로 밥벌이 문제는 지엽적인 것으로 여긴다. 농사를 지을 수도 있고, 수제품을 생산할 수도 있고, 일상적인 직장으로 통근할 수도 있다. 시간이 흘러 모든 일들이 계획대로 풀려갈 수도 있지만 그렇지 않을 수도 있다. 전원생활의 단순함이 기대했던 것만큼 매력적이지 않을 수도 있다. 일이 지겹다고 느끼는 사람도 있을 것이다. 신경이 곤두서고, 이상은 잊혀지고, 우정은 사라진다. 그렇게 모든 것이 끝나버릴 수도 있다. 아니면 다른 방향으로 진행될 수도 있다. 구성원들은 이상이 아니라, 보다 만족스런 방식으로 밥벌이를 함께하는 쪽으로 관심의 초점을 다시 맞출 수도 있다. 하지만 이 그룹은 처음부터 전혀 다른 기반 위에서 시작되었다는 사실을 잊지 말아야 한다. 그들이 실제로 공통된 직업적인 관심사와 기능을 갖고 있다면 그것은 의도된 것이 아니라 어쩌다 보니 그렇게 된 것일 따름이다.

그것은 'm'이라는 글자로 시작하는 것을 사려고 식료품점에 간 경우와 비슷하다. 'm'으로 시작하는 겨자mustard, 망고mango, 고등어mackerel, 마요네즈mayonnaise, 마카로니macaroni 등을 산다. 그런데 사다 보니 '툴루즈풍Toulouse風 카술레Cassoulet'*에 필요한 재료를 산 것은 아닌지 궁금해진다. 그런 일이 일어날 수도 있다. 하지만 처음부터 특정 요리의 재료를 사러 간 것과는 다르다.

---

* 카술레는 프랑스의 전통 스튜 요리. 겨자 등 'm'으로 시작되는 각종 재료가 이 요리에 들어간다는 뜻이다.(옮긴이)

"자, 여기 이 헛간에서 쇼를 해보자!"

영화계의 전설에 따르면, 이 캐치프레이즈는 1940년대에 주디 갈런드Judy Garland와 함께 대여섯 편의 영화를 찍을 때 미키 루니Mickey Roony가 한 말이다. 그 말이 실제로 필름에 담겼든 아니든 뜻은 분명하다. 그런 말은 자신들의 재능을 펼쳐보일 기회를 찾아 카메라 앞에 선 젊은 배우들 사이에서 나온다.

여기서 중요한 점은 그 집단이 함께할 수 있는 무언가를 만들어내려 하는 사람들의 모임이 아니라는 사실이다. 오히려 그들은 자신들이 함께할 수 있는 일이 무엇인지를 이미 알고 있기 때문에 모였다. 신문이 햅과 C. J.를 우리와 함께 묶어준 것처럼, 쇼 비즈니스가 그들을 하나로 묶었던 것이다. 햅과 C. J.는 우리의 가장 절친한 친구였을 수도 있지만, 신문이 아니었다면 하나의 부족으로 엮이지는 못했을 것이다. 우리가 신문이 아니라 골동품점이나 컴퓨터 소프트웨어 사업을 하려 했다면 햅과 C. J.는 우리와 아무리 친했다 하더라도 합류하지 않았을 것이다.

내가 이런 말을 하는 까닭은 많은 사람들이 마음에 품고 있는 질문에 답하기 위해서다. 그저 잡다한 친구들이 모여서 부족이 될 수는 없을까? 대답은 '가능하다'는 것이다. 코뮌이 부족이 되는 것과 똑같은 방식을 통해서 말이다. 이론적으로는 완벽하게 가능하지만, 그 친구들이 (네오 퓨처리스트처럼) 처음에 공통적인 직업적 관심사를 통해 만난 것이 아니라면 실제로는 쉽지 않다.

아미시는 농경 부족이 아닌가?

아미시Amish*는 메노파Mennonites의 분파인 종교 집단이다. 그러므로 그들은 부족이 아니라 공동체다. 아미시에 들어가려는 사람이 있다면, 그들은 지원자의 농경에 대한 열정보다는 종교적 신념과 도덕성에 더 관심을 가질 것이다.

공동체는 부족이 '될 수 있다.' 등대가 곡물 저장고가 될 수 있는 것처럼, 무도회복이 간호사 유니폼이 될 수 있는 것처럼 공동체도 부족이 될 수 있다. 하지만 우리가 사물이나 현상에 다른 이름을 붙이는 이유는, 그것을 별개의 것으로 인식하기 때문이다. 뉴잉글랜드의 초기 이주민들은 부족이 아니라 공동체로 출발했다. 그들은 그 차이점을 분명하게 인식하고 있었다. 부족은 야만인들의 것이며, 공동체는 문명인들의 것이었다.

---

* 보수적인 프로테스탄트교회의 교파. 주로 미국의 펜실베이니아, 오하이오, 인디애나 주 등에서 공동체 생활을 한다. 문명의 이기를 거부해 자동차 대신 마차를 타는 등 특징적인 문화를 갖고 있다.(옮긴이)

이런 질문도 생각할 수 있다. "벤&제리Ben&Jerry*는 부족적 사업이 아닐까?" 벤과 제리 두 사람이 힘을 합쳐 4.5갤런 들이 수동 제조기로 아이스크림을 만들어 버몬트주Vermont州의 벌링턴Burlington에 있는 개조한 주유소에서 손님을 맞았을 때, 그때의 벤&제리는 부족적 사업체였다. 그 시점이 지나자 그들의 부족은 새로운 구성원을 받아들이지 않고 일반적인 사업 방식에 따라 종업원을 고용하며 성장했다. 벤&제리는 부족적인 사업체가 아니라 가치지향적인 사업체다.(부족적이지 않다고 해서 벤&제리의 훌륭한 점이 조금이라도 줄어드는 것은 아니다.) 그렇다면 가치지향적인 사업체는 부족적인 사업체가 될 수 있을까? 물론이다. 가치지향적인 사업체가 자동적으로 부족적인 사업체가 되는 게 아니라는 것뿐이다.

---

* 벤 코언Ben Cohen과 제리 그린필드Jerry Greenfield가 1978년 설립한 아이스크림 회사. 사회적 책임을 강조하고 실천한 기업으로 평판이 높았다. 2000년 다국적 기업인 유니레버 Unilever에 인수되었다.(옮긴이)

부족이라는 단어의 원뜻을 다양하게 만드는 것은 (내 능력 밖의 일일뿐더러) 내 의도가 아니다. 오히려 나는 그 단어를 새로운 부족 혁명이라는 문맥에 집중해서 사용했으면 한다.

고결한 야만인noble savage?*

건강관리health-care 부족을 시작해 보려 하는 한 의사와 얘기를 나누던 중이었다. 그 의사는 우리 사회에서 의료 전문가들은 대개 생활수준이 아주 높다는 점을 언급했다. 그가 이러한 점을 건강관리 부족을 만드는 데 일종의 방해물이나 문제로 인식한다는 것이 명백했다. 이어진 몇 가지 질문에 대한 대답에서, 그 의사는 건강관리 부족의 구성원들을 고결한(하는 일에 대해 보수를 요구하기에는 너무 고결한) 야만인으로, 그래서 그들이 이전의 생활수준을 유지할 수 없으리라고 생각한다는 사실을 무의적으로 드러냈다.

이런 익숙한 양극성에 대처하는 방법을 알기란 어렵다. 사람들이

---

* 문명을 모르는 사람을 이상화한 개념. 문명이 인간을 오염시킨다 보고, 그에 물들지 않은 인간 본연의 타고난 미덕을 상징한다. '고결한 야만인'에 대한 찬미는 18~19세기 낭만주의 문학 작품의 중요한 주제였다. 특히 장 자크 루소Jean-Jacques Rousseau는 《에밀Emile ou De l'Education》《참회록Les Confessions》 등에서 '고결한 야만인'을 찬미하면서 자연으로 돌아가자고 주장했다.(옮긴이)

전적으로 이기적이거나, 전적으로 이타적인 존재 이외의 것은 될 수 없다고 보는 관점이다. 온/오프 스위치처럼, 사람들은 한 극단에서 다른 극단으로 옮겨갈 수 있을 뿐이다. 하지만 부족 생활은 이 양극단 사이에서 움직인다. 전적으로 이타적인 개인들로 구성된 부족은, 전적으로 이기적인 사람들로 이뤄진 부족과 마찬가지로 실패한다.

어느 의사가 대도시에서 전문적인 진료를 하는 것보다 소도시로 가서 일반적인 진료를 하는 게 낫겠다고 결심했다고 하자. 그 의사는 무료로 일해야 한다고 생각할까? 물론 아니다. 소도시 사람들도 의료 서비스를 받으면 돈을 낸다. 의사가 일반적인 병원이 아니라 건강관리 부족에 소속되기로 결심했을 때는 왜 돈을 받지 않고 일해야 한다고 생각하는 것일까? 사람들은 의사도 역시 부족에서 일하든 병원에서 일하든 다른 이들과 마찬가지로 먹고살아야 한다는 것을 알고 있다.

프로젝트형 부족 사업

1973년에 개봉한 영화 〈스팅The Sting〉에는 조니 후커(로버트 레드포드)와 루터 콜먼(로버트 얼 존스)이라는 두 명의 불량배가 나온다.

그들은 어떤 사람에게 '자메이카 손수건Jamaican Handkerchief'*이라고 알려진 수법으로 사기를 쳤는데, 두 사람은 전혀 몰랐지만 사실 그는 갱 두목 도일 로네건(로버트 쇼)에게 그 돈을 운반하던 중이었다. 로네건은 사기 사실을 알게 되자 부하들을 시켜 콜먼을 죽인다. 파트너의 죽음에 복수하기 위해 후커는 로네건을 속여 거금을 빼앗으려고 결심한다. 후커가 열차 안에서 이를 실행할 때, 우리는 그가 사기꾼 부족에 속해 있다는 사실을 알게 된다. 그들은 (점원이나 은행 출납계원 같은) 정직한 직업을 갖고 있지만, '큰 건'이 있을 때는 언제

---

* 두 사람 이상이 한 조가 되어 희생자를 속이는 신용사기 수법. 주로 한 명이 지리와 물정에 어두운 외국인으로 가장해 희생자에게 접근하고, 한 패가 제3자인 양 여기에 가세하는 방식이다.(옮긴이)

든 부족으로서 함께 모일 준비가 되어 있는 패거리다. 주목할 만한 것은 그들의 준비 태세다. 딱 한 번, 말 없는 신호가 주어졌을 뿐인데 그들은 즉시 하던 일을 포기한다. 얼마나 큰 규모인지, 자신이 받을 몫은 얼마나 되는지 묻지도 않고, 그들은 함께 모여 '큰 가게big store'라 불리는 정교한 연극을 매끄럽게 상연한다. 서커스에서와 마찬가지로, 한 사람 한 사람은 자신이 나서는 순간에는 주역이다. 한 명은 로네건을 사기에 끌어들일 방법을 궁리한다. 다른 사람들은 무대 장치와 의상과 소도구를 준비한다. 헨리 곤돌프(폴 뉴먼)가 분명히 대장이긴 하지만, 대장 역을 맡았다고 그가 유난히 중요한 인물인 것은 아니다. 해야 할 일은 모두 해내야 한다. 그리고 대장은 그저 그들 중 한 사람일 따름이다. 위계적 조직에서는 대장이 가장 우월한 존재지만, 부족 조직에서는 대장이 일하는 사람 중 한 사람일 뿐이다. (《이스트 마운틴 뉴스》의 방식이 정확히 그랬다.)

내가 할 다음번 부족사업

서커스단이 부족적이라고 생각하기 훨씬 이전에, 나는 《섭리》와 《나의 이스마엘》에서 묘사한 '배우는 서커스단circus of learning'을 열고 싶었다. 이제 나는 어떻게 하면 이를 실현할 수 있을지에 관해 좀더 나은 아이디어를 갖고 있다. 내가 살고 있는 휴스턴은 구획으로 나뉘어 있지 않고 주거 지구와 상업 지구가 마구 뒤섞여 있기 때문에 집에서 사업해도 문제 삼을 사람이 없다. 휴스턴은 그런 점에서 배우는 서커스단을 만들기에 이상적인 곳이다. 배우는 서커스단에서는 작업, 전시, 공연을 위한 공간들이 결합해 작업과 놀이, 공연, 교육을 위한 센터를 구성한다. 사람들은 (교사로, 연기자로, 참여자로) 곡예사, 마술사, 광대, 무용수, 악단 단원, 배우, 무대 디자이너, 조명 기술자, 영화 제작자, 극작가, 도예가, 화가, 조각가, 사진가, 천 짜는 사람, 의상 담당자, 목수, 전기 기술자 등과 관련된 것들을 배운다. 학년도 없고, 필수 과목도 없고, 시험도 없다. 그저 자신이 원할 때, 하고 싶은 것을 배우면 된다. 배우려는 사람에 연령 제한을 두지 않지만, 특히 자녀들을 가정 교육하는 부모들에게 멋진 자원이 될 것이므로 배우는 서커스단을 선택하는 이들이 점점 더 늘어날 것이다.(하지만 배우는 서커스단은 '학생 주도의 학습'을 위한 '공동체 학습 센터'가 아니라는 점을 알아주면 좋겠다. 그런 학습 센터들은 훌륭한 곳이지만, 내가 중점을 두는 것은 공민 교육이 아니라 엔터테인먼트다.) 학생들이 배우는 서커스를 대학보다 더 선호할 것이라고 생각하는 이유가 무엇이냐는 질문을 받은 적이 있다. 배우는 서커스와 대학은 경쟁관계가 아니다. 그리고 출세를 염두에 두고 있는 사람은 둘 가운데 분명 전통적인 대학을 선호할 것이다.

그런데 이 장대한 계획을 위한 구체적인 시간표는 아직 만들지 못하고 있다.

구별하는 것이 아는 것

다른 사람이 먼저 지적하기 전에 내가 부족적 사업을 창안하지 않았다는 점을 지적하는 것이 내겐 중요한 문제다. 나는 그저 전통적인 사업 형태로부터 부족적 사업을 구별해 내서 눈에 보이도록 했을 뿐이다. 이제 독자들은 부족적 사업이 어떤 것인지 알게 되었으므로 도처에서 그런 사업체들을 발견할 수 있을 것이다. 내 세미나에 관해 의논하던 중, 아내 레니는 오리건주 포틀랜드Portland에도 그런 부족적 사업체가 있다는 사실을 생각해 냈다. 림스키코르사코피하우스Rimskykorsakoffeehouse라는 이름의, 특이한 지역 명소인 그곳은 지역 인사인 구디 케이블Goody Cable이 만들었는데 직접 경험하지 않으면 믿기 힘들 정도로 특이하다. 그곳에서 좌석을 차지하고 앉는 것은 아주 특별한 세계로 들어감을 뜻하며, 그 세계는 '부족적'이라는 말 이외의 다른 것으로는 묘사할 수 없는 그런 세계다. 바쁠 때면 손님이 나서서 접대해야 하는데, 그곳에 사는 한 작가는 단지 그 부족에 속하는 영예를 누리기 위해 일주일에 하룻밤을 거기서 접대하고 있다. 그곳에 가면 입장하기 위해 줄을 길게 서서 기다리는 사람들을 자주 볼 수 있다. 일하는 사람들이 그곳에 있기를 좋아하기 때문에, 손님들도 그곳에 가기를 좋아하는 것이다.

부족 사람들은 삶에서 더 많은 것을 얻는다.

이렇게 생각해 보자. 바로 위에 쓴 7개의 단어가 그럴듯하게 들리도록 하기 위해 지금껏 나는 3,000개의 단어를 사용해 글을 쓴 것이다.

문명인은 부족 사람을 미워하고 두려워한다

유랑하며 사는 이들은 유쾌하지만 위험스러운 사람들로 간주된다. 무대를 벗어났을 때는 피해야 할 대상이다. 부분적으로는 이들이 지닌 매력 때문이다. 특히 젊은이들이 이런 매력에 약하다. 예전에 집시들은 어린이를 훔쳐간다는 의심에 끊임없이 시달렸다. 아마 실제로 꽤 많은 어린이들이 집시의 삶에서 느낀 매력에 굴복했기 때문일 것이다.

유대인의 부족주의 역시 그들에 대한 편견을 심는 요인이 되었다고 본다. 우리는 또한 토착민들에게서 부족주의를 발견하면 그것을 파괴하려는 노력을 아끼지 않았다. 부족주의는 그들의 '후진성'과 '야만성'을 직접적으로 상징한다.

문명인들은 사람들이 서로 의지하기보다 기존의 지배적인 계층제에 의존하기를 원한다. 사람들이 작은 그룹을 만들어 자족적으로 살아가는 데는 태생적으로 사악한 무엇인가가 있다. 노숙자들이 어디든 모이기만 하면 그곳에서 내쫓기는 이유가 바로 이 때문이다. 웨이코Waco의 다윗파Davidian* 공동체가 파괴되어야만 했던 것도 이 때문이다.

그들은 어떤 범죄로도 고발당한 적이 없었고 기소당한 적은 더더욱 없었지만, 분명히 거기 모여 무언가 아주 아주 더러운 짓을 하고 있었던 게 틀림없다. 문명화된 사람들은 모든 사람이 개인적으로 밥벌이하고, 대문을 닫아건 채 각기 따로 떨어져서 살기를 원한다. 한 집에는 한 가족만 있어야 하고, 각각의 집은 냉장고와 텔레비전, 세탁기 등등을 모두 갖추고 있어야 한다. 그것이 점잖은 사람들이 사는 방식이다. 점잖은 사람들은 부족 생활을 하지 않는다. 점잖은 사람들은 공동체 생활도 하지 않는다.

---

* 종말론를 신봉한 종교 집단. 1993년 미국 연방수사국FBI이 텍사스주 웨이코에 있는 다윗파 근거지를 급습하는 과정에서 화재로 교주 데이비드 코레쉬David Koresh를 따르던 신도 82명이 사망했다. 이를 두고 집단 자살이라는 설과 FBI가 고의로 화재를 일으켰다는 설이 대립하고 있다.(옮긴이)

그런데 몹시 이상한 일이 있다. 누군가가 부족을 바람직한 어떤 것이라 옹호하면, 그 점잖은 사람들은 자신들이 부시먼이나 블랙풋 Blackfoot*만큼이나 부족적이라고 주장하기 시작하는 것이다.

---

* 북아메리카의 인디언 종족.(옮긴이)

부족과 공동체

부족이 계층제의 틀에 맞춰지면 문명인들이 공동체라고 부르는 것이 된다. 어느 시대든 문명의 계층제 안에서, 공동체는 다양한 범주의 자기유사성self-similarity*을 보인다. 중세시대, 요크셔의 워람 퍼시Wharram Percy** 마을은 중세 영국의 축소판이었다. 에반스턴Evanston***이 근대 미국의 축소판인 것과 마찬가지였다. 이런 축소판과 전체 사이의 유사성은 존 브릭스John Briggs와 데이비드 F. 피트David F. Peat가 지적했듯이 우리 사회와 마

---

* 부분이 전체를 닮는다는 개념. 해안선의 일부가 전체 해안선의 모습을 축소한 형태라든지, 양치류 식물의 작은 잎사귀 하나하나가 전체 큰 잎사귀의 모양을 그대로 닮았다든지 현실세계에서도 자기 유사성의 예를 발견할 수 있다.(옮긴이)

** 영국 노스요크셔에 있는 중세시대 마을. 흑사병 및 15세기의 양모 가격 변동으로 목양업을 하던 주민들이 떠나면서 버려졌다. 사람이 살지 않으나 중세시대의 모습이 그대로 보존되어 있어 영국 문화유산으로 보호받고 있다.(옮긴이)

*** 미국 일리노이주의 도시. 감리교도들이 이곳에 정착해 1851년 노스웨스턴대학교를 설립했다. 도시 이름은 감리교 지도자 중 한 사람인 존 에반스John Evans에서 유래했으며, 종교의 영향력이 강해 엄격한 도덕률이 강조되었으므로 초기엔 헤븐스턴Heavenston이란 별명으로 불리기도 했다.(옮긴이)

찬가지로 "역동적인 시스템 안에서 진행되는, 복잡한 내부의 피드백 관계에서 나온 산물"이다. 에반스턴, 그리고 동부 로스엔젤레스와 할렘, 오클라호마의 브로큰 애로우Broken Arrow* 등은 모두 우리 사회 전반의 계층적 조직을 그대로 반영하게 되었다. 부자들이 여기 살고, 중산층이 여기 살고, 가난한 사람들은 저기 사는 그런 구조 말이다. 에반스턴의 부자들이 동부 로스엔젤레스의 부자들보다 더 부유하고, 할렘의 빈곤층이 브로큰 애로우의 빈곤층보다 더 가난하다는 것은 문제가 아니다. 구조가 거기 존재하고 있다는 것이 중요하다.

공동체라는 단어는 그 자체가 품위를 띠고 있어, 그럴 가치가 없는 사람들에게는 허용되지 않는다. 동성연애자들은 '게이 공동체'

---

* 미국 오클라호마주의 도시. 앨라배마에 살던 인디언 크리크족creek族이 근거지에서 내쫓긴 뒤 새로운 공동체를 세웠다. 현재의 다운타운에서 수 마일 남쪽에 있었던 부족 공동체의 이름에서 도시명이 유래했다. 이 종족의 이름은 'Rekackv'로 '부러진 화살broken arrow'이라는 뜻이었다.(옮긴이)

가 되기 위해 오랫동안 투쟁했다. 그나마 소년을 대상으로 하는 동성연애자나 포르노를 만드는 사람들에게는 아예 기회가 없다. 깡패, 범죄자, 죄수, 종교적 광신자에게는 공동체가 없다. 그들은 갱단, 폭력단, 죄수 집단, 컬트일 뿐이다.

나는 아주 점잖은 사람들이 객관주의나 단순하게 살기, 창조적 개인주의 등에 끌리는 것을 상상할 수 있다. 그런데 그들이 부족 생활에 끌리는 것은 상상하기 힘들다. 아마 그것이 내 속성인가 보다.

지속 가능성에 관한 우화

발명가가 새로운 장치에 관한 계획을 들고 기술자를 찾아왔다. 기술자는 계획을 검토해 본 뒤 발명가에게 "당신이 가져온 것은 시스템적인 문제가 있어요. 무슨 뜻이냐면, 작동을 시작한 지 몇 분 되지 않아 스스로 파괴되어 버릴 거라는 얘깁니다"라고 말했다.

"그렇지 않습니다. 잘 만들기만 한다면 말이에요" 하고 발명가는 대답하고는 "모든 부품에 가장 좋은 재료를 쓰고, 정확한 설계도에 따라 만든다면요"라고 덧붙였다.

기술자는 그 장치를 만들었다. 장치는 작동을 시작한 지 4분 만에 망가져버렸다. 발명가는 기가 꺾이지 않았다. 그는 "당신은 내가 말한 대로 하지 않았어요"라고 말하고는 "더 좋은 재료, 구할 수 있는 가장 좋은 재료를 사용해야 한다니까요. 그리고 가장 정확한 설계도에 따라 만들어야 해요"라며 주장했다.

기술자는 다시 만들었다. 이번 모델은 8분 동안 작동했다. 발명가는 "알겠지요? 우리는 아주 큰 진전을 이뤘어요. 다시 해봅시다. 더 좋은 재료와 더 정확한 설계도를 사용해서요"라고 말했다. 새로운 모델은 10분 동안 움직이다 멈췄다. 발명가는 또 다른 모델을 만들라고 요구했다. 더욱더 좋은 재료와 더욱더 정확한 설계도로 말이다. 그렇게 만든 모델은 11분간 작동했다.

발명가는 완벽한 장치를 만들 때까지 이런 방식으로 계속해 나가기를 원했다. 하지만 기술자는 거절했다. 그는 이렇게 말했다.

"우리가 만든 결과물이 이 자리에서 사라지는 걸 보지 못했단 말입니까? 부분을 개선해서 기능적으로 문제 있는 디자인이 작동하게 하는 것은 시간 낭비예요. 제게 실행 가능한 디자인을 갖다 주면 몇 년 동안 움직일 장치를 만들겠다고 보증할게요. 일반적인 재료와 평범한 설계도로 말입니다."

우리가 가지고 있는 것은 왜 지속 가능하지 않을까?

우리 문화권의 신화에서 가장 근본적인 교의는 인간이 제대로 만들어지지 못했음이 유일한 문제라는 것이다. 우리는 더 좋은 재료로, 더 나은 설계도에 따라(아마도 우리 전통적 종교의 환경 친화적 버전에 따라) 만들어졌어야만 했다. 우리가 더 친절하고, 더 상냥하고, 더 사랑스럽고, 덜 이기적이고, 더 멀리 내다보도록 만들어지기만 했으면 아무 문제도 없었을 것이다. 그런데 우리는 지난해에 우리 자신을 더 나아지게 만드는 데는 아무도 성공하지 못했다. 재작년에도, 그 전해에도, 전 전 해에도 그랬다. 하지만 혹시 올해는 더 운이 좋지 않을까? 아니면 내년이나 내후년에라도…

내가 그동안 쓴 책들에서 말하려 계속 노력했던 것은 우리 문명의 결점은 사람들에게 있는 것이 아니라 시스템 속에 있다는 점이다. 이 시스템이 1만 년 동안 절거덕거리며 움직여온 것은 사실이다. 인간의 삶과 비교해 보면 아주 긴 시간이지만, 인류 역사 전체에 비춰보면 다르다. 문명이라는 이 에피소드는 기념비적으로 긴 시간 때문이 아니라 비극적으로 짧다는 점 때문에 도드라진다.

　나는 《이스마엘》에서 우리 문명을 1만 년 동안 공중에 있는 비행기에 비유했다. 그런데 그 비행기는 날고 있지 않고 떨어지는 중이다. 계속 가만히 앉아 있다가는 비행기와 함께 박살이 날 판이다. 하지만 우리 대부분이 비행기를 떠나버림으로써 짐을 가볍게 해준다면 (나머지 사람들이 좀더 사리에 맞는 무언가를 시도해 보는 동안) 비행기는 더 오래 공중에서 버틸 수 있을 것이다.

🏁 비상 탈출해서 벽을 넘자!!

인류학 교수인 제임스 W. 페르난데스 James W. Fernandez는 이렇게 썼다. "철학자와는 달리 인류학자는 문화 세계들이 혼유混喩, mixed metaphors*의 실행(제정)으로 존재하게 된다는 것을 발견한다."

음, 역시 그랬다. 나도 새로운 문화 세계를 존재하게끔 하기 위해 몇 가지 은유들을 섞어볼 수 있어서 기쁘다.

어느 세미나에서 문명을 넘어 부족 생활로 가기 위한 움직임을 두고 몇 시간 동안 토론한 적이 있었다. 한 참석자가 그렇다고 해서 인류의 삶이 어째서 더 지속 가능한지 여전히 알 수 없다고 말했다. 내가 그 질문에 답한 지 시간이 꽤 흘렀으므로 여기서 다시 한 번 이야기할 필요가 있을 것 같다. 새로운 부족 혁명으로 사람들

---

* 둘 이상의 비유법을 섞어서 사용하는 것.(옮긴이)

이 더 살기 좋아진다고 하더라도, 인간이라는 종을 수십 년 이상 존속시키는 데 도움되지 않는다면 무슨 소용이 있겠는가?

내가 최대 해악의 문화라고 부르는 것 속에서 살고 있는 우리들은 약 60억 명이다. 이 60억 명 가운데 단 10퍼센트만이 최대 해악을 끼치는 존재들이다. 그들은 자원을 최고 속도로 먹어 치우고 있으며, 지구 온난화가 최고 속도로 진행되는 데에도 한 몫하고 있다. 나머지 90퍼센트는 더 나은 것이 눈에 보이지 않기 때문에 그 10퍼센트와 같이 되기를 원할 뿐이다. 그들은 10퍼센트를 부러워하고, 최대로 해악을 끼치는 삶의 방식이 가장 좋은 방식이라고 생각한다.

90퍼센트에게 그들이 바랄 수 있는 더 나은 것을 제시하지 못한다면, 우리의 운명은 결정되어 버린다.

시스템의 변화

새로운 부족 혁명은 우리 문화의 감옥에서 탈출할 수 있는 통로다. 이 감옥의 벽은 경제다. 먹고살아야 할 필요 때문에 우리는 감옥 안에 갇혀 있다. 감옥 바깥에는 먹고살 수 있는 방법이 없기 때문이다. 우리는 마야식 해결책을 택할 수 없다. 인종적 부족주의 속으로 사라져버릴 수 없는 것이다. 하지만 우리는 생업 부족주의occupational tribalism 속으로 사라질 수는 있다.

우리가 그렇게 한다면 지금 이 문명은 연기만 피어오르는 폐허가 될까? 결코 그렇지 않다. 우리 문명은 쇠퇴할 것이다. 벽을 넘음이 더 나은 것을 얻음을(무언가를 '포기'하는 게 아니라) 뜻한다는 사실을 깨닫는 사람이 많아지면 많아질수록, 최대 해악의 문화를 버리는 사람도 많아질 것이다. 이 문화를 버리는 사람이 많을수록 더 좋은 일이다. 탈출 통로는 문명 너머로, 우리 문화의 신화에 따르면 인류 최후의 발명인 그 문명 너머로 이어진다.

탈출 통로는 인류의 다음 발명으로 이어진다.

하지만 그렇다 치더라도 그 다음 발명이 우리에게 지속 가능한 생활양식을 보장해 줄까? 내가 이 문제를 평가하는 방식은 다음과 같다. 부족 속 인간의 삶은, 무리 속 사자나 개코원숭이처럼 생태적으로 안정되어 있다. 부족 생활은 인간이 앉아서 궁리해 낸 그런 것이 아니다. 그것은 자연 선택의 선물이며 성공적이라 검증되었다. 그러기에 완전하진 않지만 더 이상 개선될 여지는 거의 없다. 계층제는 반대로 단순히 불완전할 뿐 아니라 궁극적으로 지구와 우리들에게 재난을 가져온다는 사실이 입증되었다. 비행기가 추락하는 와중에 누군가 낙하산을 건네준다고 하자. 이때 당신은 보증서를 보여달라고 요구하겠는가?

왜 '인류'의 다음번 대모험인가?

나는 《B 이야기》를 비롯한 다른 책들을 통해 우리가(역할 맡은 자들, 곧 이 문화의 사람들이) 인류는 아니라는 사실을 강조했다. 그리고 그런 주장을 철회할 생각은 조금도 없다. 지금 이 행성의 생물량을 인간량으로 바꿔버리고 있는 것은 인류가 아니다. 그것은 우리 문화의 사람들, 바로 우리들이다. 해마다 수천 종의 생물을 멸종 위기로 몰아넣는 것 역시 우리 문화의 사람들, 우리들이다.

그런데 왜 나는 새로운 부족 혁명을 '우리의' 다음번 거대 모험이라고 하지 않고 '인류의' 다음번 거대 모험이라고 하는가? 대답은 간단하다. 문명이 '우리의' 모험이 아니었기 때문이다. 내가 이 책에서 거듭 지적했던 것처럼, 문명은 다양한 종족들에 의해 시작된 모험이었다. '우리'만 유일하게 문명을 시작한 것이 아니었다. 우리는 그들 가운데 유일하게 자기 자신을 제물로 바치는 시점까지 그 속에 갇혀 있는 존재일 뿐이다. 문명이 '우리'만의 거대 모험이 아니었다고 한다면, 다음번 거대 모험이 어째서 '우리'만의 것이 될 수 있겠는가?

새로운 부족 혁명은 우리 자신만을 위한 것이 아니다. 원하는 사람은 누구든 참여할 수 있다. 참여하거나 참여하지 않거나 강제적인 것은 아니다. 인류를 인류로 만든 옛 부족주의는 예전과 마찬가지로 지금도 훌륭하다. 그것이 빛을 잃거나 폐물이 되지는 않을 것이다. 달 착륙은 인류의 위대한 성취였지만, 모든 사람이 달에 발을 디뎌야 한다는 뜻은 아니다.

제7부
문명을 넘어서

중요한 과학적 혁신이 시간을 두고

반대자들을 설득하거나 전향시키는 방식으로

성취되는 경우는 드물다.

반대자들이 점점 죽어 없어지고

새로운 세대가 처음부터 그 생각에 익숙해질 때

과학적 혁신이 일어난다.

—막스 플랑크 Max Planck

🐾 해방

'인민의 적'이라는 이름으로 수백만 명이 숙청되던 시절, 체제에 '위협적인' 어느 시인이 있었는데, 그는 스탈린의 불쾌감이라는 화살을 피하는 특이한 능력으로 유명했다. 프랑스 기자가 그를 찾아가 공포 정치의 막바지에 침묵을 지켰느냐고 물어보았다.

"침묵이라고?" 시인은 불같이 화를 냈다. "나는 매주 월요일 밤마다 저기서… 그러니까 극장에서 내 시를 낭송하고 있다구요!"

기자는 월요일이 되자 그 극장을 찾아갔다. 극장 안은 캄캄했고 문이 잠겨 있었다. 한 시간 동안 이리저리 기웃거린 끝에 마침내 떠나려는 순간, 옆문이 열리면서 시인이 어둠 속으로 미끄러져 들어왔다.

"어떻게 된 겁니까? 오늘 밤 여기서 낭송하시는 줄 알았는데요" 하고 기자가 물었다.

"그러니까 여기서 오늘 밤 낭송을 했습니다." 시인이 엄숙하게 선언했다. "빈 극장에서 낭송하면서 나는 나름대로 최선을 다한 셈이지요…"

내 책을 읽고 "어딘가로 가서 코뮌을 시작할" 생각이 들었다고 사람들이 말할 때, 나는 그들에게 행운을 빌어주어야만 한다. 또한 그런 것은 내가 마음속에 둔 것과는 아주 거리가 멀다고 말하고픈 충동을 삼켜야 한다. 산꼭대기나 사막에서 살아야만 자유로울 수 있다면, 자유롭지 못한 게 분명하기 때문이다.

아이들에게 귀 기울이기

의도한 것이든 아니든 자살하는 사람은 자살 수단을 선택하면서 자기 자신을 드러내는 경우가 자주 있다. 죄책감을 느끼는 사람은 목을 매단다. 희생양이 된 사람은 스스로 목을 벤다. 버림받은 사람은 건물이나 다리 위에서 자신을 내던진다. 마음의 고통으로 괴로워하던 사람은 총으로 자기 머리를 날려버린다. 《나의 이스마엘》에 나오는 제프리는 진정 자신이 있어야 할 곳을 찾는 데 실패했다고 말하면서 호수로 걸어 들어갔다. 다른 사람들이 그렇게 편하게 숨 쉬는 듯한 그 공기를 제프리는 자신의 폐로 들이마실 수 없었던 것이다.

나는 많은 사람들에게 제프리에 관해(또는 그의 원형이 된 실존 인물 폴 에핑거에 관해) 이야기해왔다. 그러면서 항상 내가 말하려는 바를 제대로 전달하지 못하고 있다는 느낌을 받았다. 그것은 제프리가 예외가 아니라는 점이다. 우리 아이들 속에서 어디서든 제프리를 발견할 수 있다. 우리가 아이들에게 귀를 기울이기만 한다면 말이다. 아이들의 말에 귀 기울이라는 뜻이 아니다. 아마도 말로는 표현되지 않을 것이다. 깊은 소외감과 절망의 몸짓으로 그들이 표현하는 이야기에 귀를 기울여야 한다. 유행처럼 번지는 자살, 점점 더 어린 아이들에게로 퍼져가는 마약, 애티가 가시지 않은 10대가 가족과 친구들에게 가하는 이해하기 어려운 폭력 행동에 관한 이야기 말이다. 그들의 이야기에 귀를 기울이되, 아이들은 사람들이 듣고 싶어 하는 이야기만 하도록 훈련되어 왔다는 점을 절대 잊어선 안 된다. 그들 가운데 있는 대량 살인자는 거의 대부분 훌륭하고 예의 바른 젊은이라는 평가를 받았다.

사람들이 "제프리는 코뮌에 들어가야 했어요"라고 말할 때, 나는 그들을 이해시키는 데 실패했다는 사실을 깨닫는다. 이런 생각은 우리가 자유로워질 수 있는 공간이 발견될 것이라는 엄청난 오해에서 나왔다.

🐾 리틀턴의 참극

내가 앞 쪽의 글을 쓴 것은 1999년 4월 20일 콜로라도주 리틀턴Littleton의 컬럼바인고등학교에서 상상을 초월한 폭력 사건*이 일어나기 6개월 전의 일이다. 이 사건으로 순식간에 15명이 죽었다. 이 대량 학살극을 일으킨 장본인은 몹시 인기가 없었던 두 학생이었지만, 어떤 급우는 적어도 그들 중 한 명은 꽤 괜찮은 친구였다고 나중에 기억해 냈다.

나 또한 고등학교 시절에 인기가 없었다. 그 두 명처럼 인기가 없었을 뿐 아니라 대처하는 방식도 똑같았다. 나는 인기 따위를 경멸했고, 일부러 더 인기 없을 행동을 하면서 삐딱하게 굴었다. 나 또한 짝패가 한 명 있어서 일종의 '따돌림 속의 연대감'을 누렸다. 우

---

* 컬럼바인고등학교 총기 난사 사건은 청소년이 벌인 최초의 대량 살인 사건으로, 9.11 테러 이전까지 미국인들에게 가장 충격적인 테러 사건이었다. 범인인 두 학생의 계획대로 식당과 통로에 설치한 폭탄이 터졌다면 사상자 수는 수백 명을 넘었을 것이다. 마이클 무어Michael Moore는 이 사건을 소재로 〈볼링 포 컬럼바인Bowling For Columbine〉이라는 다큐멘터리 영화를 제작하기도 했다.(옮긴이)

리는 둘 다 폭력을 쓰는 일도 가끔 있었다. 하지만 수백 명을 죽인다거나, 학교를 폭파한다거나, 비행기를 도시 한복판에 떨어지게 하는 일은 꿈도 꾸지 않았다.

그때는 지금과 달랐다. 거의 50년 전의 일이지만 그때가 '좋았던 옛날'이기 때문이 아니다. 단 한 마디의 잘못된 말, 단 한 순간의 광기가 세계를 먼지 나는 폐허로 만들어버릴 핵 학살을 일으킬 수 있다는 사실을 잊는 것이 우리에게는 결코 허용되지 않았다. 핵전쟁 문제를 빼놓고 다른 것도 있었다. 우리 두 사람에게는 말 그대로 무한히 약속된 미래가 있었다. 당시에는 누구도 우리가 지구를 살 수 없는 곳으로 만들어가고 있다는 사실을 깨닫지 못했다. 똑같은 방식으로 영원히 이렇게 살 수 있다는 것을 누구도 의심하지 않았던 시기였다. 그러므로 우리에게는 희망이 있었다. 커다란 희망, 아주 많은 희망이 있었다. 우리에게는 이리로 가면 잘될 것이라고 믿었던 그런 길이 있었다. 우리에게는 선택권이 있었다. 우리가 진정으로 원하는 일은 무엇이든 할 수 있다는 것을 한순간도 의심하지 않았다. 왜냐하면 모든 일은 정확히 이런 식으로, 그러니까 점점 더 나아지고, 나아지고, 나아지고, 나아지고, 나아지고, 나아지고, 나아지고, 영원히 나아지면서… 계속될 테니까.

🌸 괴물에게 귀 기울이기

에릭 해리스Eric Harris와 딜런 클레볼드Dylan Klebold*에게 갈 수 있는 다른 길이 있었더라도 그들은 (《타임》지가 붙인 이름처럼) '옆집에 사는 괴물'이 되었을까? 학교에서 그들은 '더러운 놈' '싫은 놈'이라고 괴롭힘을 당했고, 학교 친구들이 차를 타고 지나가며 던진 병과 돌멩이에 얻어맞았다. 그들은 그런 학대를 원해서 그 길로 갔을까? 그렇지 않다. 우리는 그들이 그렇게 된 이유를 완벽하게 이해하고 있다. 그들에게는 아무런 선택권이 없었다. 그들은 법과 사회적 압력에 떠밀려 그곳으로 '가야만' 했던 것이다. 그들에게 달리 갈 수 있는 길이 있었더라면, 복수와 자살이 유일한 꿈이 되기 훨씬 이전에 컬럼바인고등학교를 떠났을 것이다.

만약 그들의 뇌를 자세히 조사한다면 그들에게 '유전적으로 폭력적인 성향'이 있다는 점이 드러날까? 그럴지도 모른다. 하지만 그

---

* 컬럼바인고등학교 총기 난사 사건의 범인. 사건 직후 모두 자살했다.(옮긴이)

렇다 한들 어쨌다는 말인가? 나의 뇌를 조사해도 똑같은 점이 나타날 것이다. 나는 어떤 사람을 맨주먹으로 때려죽이기 일보 직전까지 간 적도 있었다. 나와 짝패는 간발의 차이로 그런 끔찍한 일을 모면했다. '유전적으로 폭력적인 성향'이 있다고 해서 대량 살인범이 되는 것으로 운명이 정해지지는 않는다. 하지만 아무런 희망이 없다면 그렇게 될 수도 있다. 프랑켄슈타인의 피조물은 자신이 다른 어떤 것도 될 수 없다는 사실을 알았을 때에 괴물이 되었다.

내 유년시절과 비교해 어린이 우울증은 약 1,000퍼센트, 10대 자살은 300퍼센트 증가한 것으로 추산된다. 1997년 이래 미시시피주에서 두 명이 급우의 손에 목숨을 잃었고, 켄터키주에서 세 명, 아칸소주에서 다섯 명, 콜로라도주에서 열세 명이 죽었다. 그래프로 만들어보면 몇 년 안에 이 숫자가 기하급수적으로 증가하는 모습을 보게 될 것이다. 우리가 우리 아이들에게 새로운 길을 제시하지 못하고, 미래에 대한 진정한 희망을 줄 수 없다면 말이다.

🌸 우리 자신의 문화 공간

파라오를 위해 피라미드를 쌓으며 일생을 보내고 싶어 하지 않는 모든 사람들에게는 공통적인 욕구가 있다. 그런 욕구를 가장 날카롭게 느끼는 것이 젊은이들이다. 그들은 피라미드 작업에서 그야말로 짐 나르는 마소의 역할을 하고 있기 때문이다. 60년 전에는 학교를 갓 졸업한 젊은이들은 공장에서 일자리를 구했다. 공장에서는 적어도 부모와 똑같은 승진의 사다리를 기어올라갈 수 있다는 기대를 품을 수는 있었다. 후기산업사회의 젊은이들은 제임스 E. 코테James E. côté와 안톤 L. 앨라하Anton. L. Allahar가 지적했듯이 점차로 소매업과 서비스 분야라는 틀에 갇히고 있다. 그 속에서 그들은 끝없이 짐을 들어 옮기고, 선반에 물품을 채워 넣고, 빗자루로 바닥을 쓸고, 식료품을 봉지에 담고, 햄버거를 뒤집지만 아무 기술도 익힐 수 없고 승진 전망도 전혀 볼 수 없다.

그들이, 그리고 우리가 원하는 것은 지리적인 공간이 아니라 문화적인 공간이다. 리버사이드 파크Riverside Park의 철제 담장 아래 살고 있는 노숙자 카를로스는 땅속 구덩이에 들어가 살면 어떤 종류의 자유를 누리는지 알고 있었다. 하지만 그는 자유를 얻기 위해 구덩이 속에서 살아야만 한다면 그것은 진정한 자유가 아니라는 사실도 알고 있었다. 카를로스는 그 구덩이가 그림같이 아름다운 오자크Ozarks나 켄터키Kentucky의 구릉에 있다 해도, 구덩이에 의지하지 않고 즐겁게 지내는 곳에서 살면서 보통 사람들이 누리는 그런 자유를 원했다. 그는 온 세상만큼 가치 있는 자유를 원했다. 우리 대부분도 마찬가지라고 나는 생각한다. 그런 자유를 얻기 위해 우리는 이 세상을 파라오들에게서 되찾아야 한다. 그것은 그리 힘들지 않을 것이다. 파라오들은 그런 일이 일어나리라고 생각하지 않고 있다. 설사 알고 있다 하더라도 파라오들에게는 그것을 멈출 힘이 없다.

왜 아무것도 변하지 않았나?

1960년대와 1970년대 히피시대에는 혁명에 관한 수많은 노래가 나왔다. 하지만 혁명은 현실화되지 않았다. 밥벌이를 하는 혁명적 방식이 필요하다는 생각을 혁명가들이 하지 못한 탓이다. 그들이 기여한 부분 중 가장 특징적인 것은 코뮌을 만들기 시작했다는 것인데, 사실 코뮌은 분 바른 가발이 유행했던 18세기에 창안된 개념이다.

돈이 떨어지고 부모도 싫은 내색을 하면, 아이들은 주위를 둘러보지만 결국 채석장 앞에 줄 서는 것밖에는 다른 대안을 찾지 못한다. 얼마 지나지 않아 아이들은 부모와 조부모, 증조부모가 몇 세기 동안 일해온 그 피라미드에 얹을 돌을 끌게 된다.

이번엔 달라질 것이다. 더 나아질 것이다.

🌸 상연해야 할 다른 이야기

《이스마엘》에서 얘기한 것처럼 우리가 우리 문화의 틀 속에서 상연하고 있는 '이야기'는 이것이다. 이 세상은 인류가 정복하고 지배하기 위해 만들어졌으며, 인류는 정복하고 지배하기 위해 만들어졌다. 인간에게 근본적이고 치유 불가능한 결점이 없었다면 인류의 지배 아래에서 이 세상은 낙원이 되었을 것이다. 그 자체가 신화인 이 이야기는 우리 문화권의 모든 신화에서 기반을 이루고 있다. 그리고 《이스마엘》에서 말했듯이 단순히 그런 이야기 속에서 살아가지 않겠다는 것은 가능하지 않다. 상연해야 할 다른 이야기를 반드시 가져야 한다.

내가 이런 내용을 썼을 당시에는 사람들이 이 '다른' 이야기를 완전히 새로운 개념으로 여기리란 생각은 하지 못했다. 나 아니면 다른 신화학자들이 조용히 앉아서 무無에서 창조해 낼 그런 개념 말이다. 그런데 일부 사람들은 '다른' 이야기를 실제로 그렇게 받아들였다. 문제는 그것뿐만이 아니었다. 인류사의 첫 300만 년 동안 이곳에서 상연되어 온 이야기라고 내가 묘사했던, 이 다른 이야기를 명확하게 표현하려 하자 설득력 있는 방식으로 제시하기가 어려웠다. 내가 그것을 우리의 이야기에 하나하나 대응하는 방식으로 표현하려 했기 때문이었다. 나는 꽤 오랫동안, 다른 이야기는 우리의 이야기보다 훨씬 간단하다는(훨씬 '원시적'이라는) 점을 깨닫지 못했다. 이제 나는 명확하게 표현할 수 있게 되었다. 내게는 지금까지 언급된 이야기 가운데 가장 아름다운 이야기다.

그것은 사람들이 살아가는 데 한 가지 정답은 없다는 것이다.

한 가지 정답은 없다

일단 인식하고 나면 이 이야기가 인류 생활의 최초 300, 400만 년 동안 이곳에서 상연되어 왔다는 것이 너무도 확실해진다. 물론 우리의 이야기는 더 큰 이야기, 생물 공동체가 시작된 약 50억 년 전부터 써온 이야기의 특수한 한 부분이라는 점도 명확하다. 그것은 바로 '누구든' 살아가는 방식에 한 가지 정답은 없다는 것이다.

먹이를 씹는 데 한 가지 정답은 없다.
둥지를 짓는 데 한 가지 정답은 없다.
눈이 만들어지는 데 한 가지 정답은 없다.
물속에서 움직이는 데 한 가지 정답은 없다.
번식하는 데 한 가지 정답은 없다.
새끼를 키우는 데 한 가지 정답은 없다.
날개를 다듬는 데 한 가지 정답은 없다.

먹잇감을 공격하는 데 한 가지 정답은 없다.

공격을 막아내는 데 한 가지 정답은 없다.

  인류는 이 이야기를 상연함으로써 현재까지 이어져 왔다. 그리고 이 이야기는 약 1,000년 전까지는 놀랍게도 제대로 기능해 왔다. 사람이 살아가는 데 단 한 가지 올바른 방식이 있는 게 틀림없다는 관념에 사로잡힌 아주 기묘한 문화가 튀어나오기 전까지는 말이다. 게다가 그 문화는 사실상 거의 모든 일에 올바른 방법은 단 한 가지라고 생각하고 있었다.

제7부 문명을 넘어서

🐾 그래, 이 길이야!

하지만 아는 척하는 사람은 이런 말들을 쉽게 납득할 수 없을 것이다. 그들은 이렇게 물어볼 것이다. "하지만 퀸 선생, 당신은 부족적 방식이야말로 사람들이 살아가는 올바른 방식이라고 말하는 것 아닌가요?"

나는 절대로 그런 말을 하려는 게 아니다. 앞에서 설명했듯이 자연 선택이 준 선물은 완벽하지 않다.(하물며 '올바른' 것은 더더욱 아니다.) 그러나 그것은 개선하기가 몹시 어렵다. 부족적 방식은 올바른 방식이 아니라 수백만 년 동안 제대로 작동한 방식일 뿐이다. 대조적으로 계층적 방식은 겨우 1,000년 만에 우리를 멸종의 위기에 직면하게 했다.

아마도 부족적 방식은 앞으로 우리에게 더 알맞은 다른 방식으로 대체될 것이다. 우리를 둘러싼 환경이 과거와는 전혀 다르게 변할 것이 확실하니까. 실제로 내가 지금 여기서 제안하는 것이 바로 그런 것이다. 어쨌든 나는 인류사의 첫 300, 400만 년 동안 여기 있었다고 알려진 그런 부족적 방식으로 돌아가자고 제안하는 게 아니다. 살아남은 일부 원주민들 사이에 알려진 그런 방식도 아니다. 가까운 장래에, 예전 형태의 인종적 부족주의에는 우리가 닿을 수 없게 될 것이다.

  새로운 부족 혁명에서 말하는 부족주의는 종착점으로, 올바른 그 무엇이며 어떤 대가를 치르더라도 고수해야 한다고 제안된 것이 아니다. 그것은 출발점으로 제안되었다. 우리가 새롭게 출발하거나 아니면 아주 가까운 장래에 공룡과 같은 길을 가거나 둘 중 하나를 선택해야 할 시점에서 말이다.

🌸 그래, 저 길이야!

이런 질문을 하는 사람도 있을지 모르겠다. "퀸 선생, 실제로 당신이 말하려는 바는 살아가는 데 올바른 단 한 가지 방식은 없다는 것이야말로 유일하게 올바른 방식이라는 것 아닌지요?"

아니다. 나는 그런 말을 하려는 게 아니다. 그것은 의미 없는 말장난일 따름이다. 살아가는 데 단 한 가지 올바른 방식은 없다는 것이 삶의 방식이 될 수는 없다. 달걀을 요리하는 데 한 가지 정답만 있지 않다는 것이 달걀을 요리하는 방법이 아닌 것과 마찬가지다.

살아가는 데 한 가지 정답은 없다는 사실을 안다는 것이 어떻게 살아야 하는지를 말해주지는 않는다. 잠자리에 들기에 적합한 시간이 단 하나가 아니라는 사실을 안다고 해서 몇 시에 잠자리에 들어야 하는지를 알게 되지는 않으니까.

시작은 끝이 아니다

문명 너머는 산꼭대기나 멀리 떨어진 사막에 있는 지리적 공간이 아니다. 그것은 새로운 마음가짐을 가진 사람들 사이에 열린 문화적 공간이다.

옛 마음가짐을 가진 사람들의 생각:

이 문제들을 어떻게 해결하지?

새로운 마음가짐을 가진 사람들의 생각:

어떻게 하면 우리가 바라는 일이 일어나게 할 수 있지?

이 책에서 읽은 내용을 친구들과 토론한다면, 옛 마음가짐을 쉽게 발견할 수 있을 것이다. 그들은 언제나 '일부러 반대 입장을 취하고' 언제나 어려운 점을 지적하고 그것에 집중하며 대화를 문제점 쪽으로 끌고 간다. 어떤 일이 일어나기를 원하고 어떻게 하면 그것이 가능할지에 집중하는 대신, 그런 일이 일어나지 못하도록 가로막는 요소들에 초점을 맞춘다.

믿거나 말거나 실제로 어떤 사람은 나에게 "그래요, 하지만 우리는 여전히 세금을 내야 하는 거죠?"라고 물은 적도 있다. 그렇다. 우리는 여전히 개에 목줄을 매야 하고, 제한 속도를 지켜야 하고, 눈이 오면 집 앞을 치워야 한다. 또한 타려는 비행기가 떠나기 몇 분 전에 공항에 도착해야 곤란을 겪지 않는다는 사실도 변하지 않는다.

그럼 기적은 없는 거야?

잭Jack과 질Jill은 친구 사이먼의 작은 요트에서 며칠 지내는 중이었다. 어느 날 아침, 그들은 잠에서 깨어나 요트가 가라앉고 있는 것을 발견했다.

"이런, 우리는 어떻게 해야 하지?" 하고 질이 물었다.

"걱정할 것 없어." 잭이 대답했다. "사이먼은 아주 똑똑하거든."

사이먼이 그들을 불렀다. "어서 와, 우리는 이 요트를 버려야 해."

질은 놀랐다. 하지만 잭은 사이먼이 자신들을 실망시키지 않을 것이라고 질을 안심시켰다.

"겨우 100야드 앞에 해안이 있어." 사이먼이 말했다. "어서 가자!"

"하지만 우리가 어떻게 목숨을 구할 수 있는 거야?" 잭과 질은 알고 싶어 했다.

"물론 저기까지 헤엄쳐 가야지!" 사이먼은 잭이 실망스런 표정을 짓는 걸 보고 뭐가 잘못됐는지 물었다.

잭은 말했다. "나는 네가 우리를 곧바로 해안으로 옮겨줄 방법을 찾을 줄 알았어. 우리가 물에 젖는 일 없이 말이야."

예전에 한 독자가 내게 똑같은 실망감을 표시한 적이 있었다. 그는 내가 우리를 에워싸고 있는 역할 맡은 자들의 경제에 '젖는 일 없이' 곧바로 우리를 새로운 경제 영역으로 옮겨줄 방법을 발견했다고 기대했던 것이다. 궁극적인 새로운 부족 경제는(나는 기껏해야 어렴풋이 그 모습을 그려볼 수 있을 뿐이다) 우리 앞에 있는 마른 땅이다. 우리를 둘러싼 경제를 무시하고 그것과 뚝 떨어진 상태를 유지하면서 그곳에 닿을 수 있다면 물 위를 걷는 것쯤은 아주 사소한 기적에 불과한 것이 될 테다.

짤막한 충고

           당신이 모든 답을 가져야 할 필요는 없다. 분명히 나는 그 답들을 갖고 있지 않다. 그런 척하다가 곤경에 휘말리는 것보다는 "알지 못한다"고 말하는 쪽이 언제나 낫다.

  사람들이 자신의 문제를 명확히 하도록 하자. 그들이 겪는 어려움이 무엇인지 밝히려는 책임을 떠안지 말자.
  이해하지 못하는 질문에 절대 답하려 하지 말자. 질문한 사람이 설명하도록 하자. 명확해질 때까지 계속하자. 그러면 열에 아홉은 질문자가 스스로 답을 찾아낸다.

  사람들은 귀 기울여 들을 준비가 된 이후에만 듣지 그 전에는 듣지 않는다. 아마 예전에는 당신도 들을 준비가 되어 있지 않았을 것이다. 각자가 자신에게 알맞은 때에 얘기를 듣도록 해주자. 잔소리하고 괴롭히면 그들을 오히려 멀어지게 할 뿐이다.

논쟁을 원하는 사람과 휘말려 시간을 낭비하지 말자. 그들은 당신이 영원히 움직이지 못하도록 한다. 새로운 어떤 것에 이미 마음을 연 사람들을 찾아보자.

멋진 끝맺음

다른 저자들과 마찬가지로 나는 때가 되면 이 책을 마무리할 멋진 결말이 모습을 드러내리라고 생각했다. 심벌즈를 꽝 치는 것처럼, 구름 사이로 비어져 나온 한 줄기 눈부신 햇살처럼 말이다. 하지만 그런 것은 나타나지 않았다. 어제 오후 나는 아내 레니에게 이 일에 관해 슬쩍 말을 꺼냈다. 단순히 재미있는 얘깃거리로 말이다. 나는 레니가 그 문제를 붙잡고 씨름할 것이라고 생각지 않았다. 나 자신이 그것을 문제로 생각하지 않았기 때문이다. 그런데 새벽 3시에 레니는 나를 깨워서 왜 멋진 결말이 저절로 나타나지 않는지, 앞으로도 왜 멋진 결말이 나타나지 않을 것인지 설명했다. 그녀는 그 문제에 푹 빠져서는 햅과 C. J.의 이름을 헌사에 넣어야 한다고 말했다. 또, 이 책은 내가 쓴 책 중에서 자신이 정말 실제로 헌사를 받고 싶은 첫 번째 책이라고 말했다.(그간 내가 바쳤던 헌사들은 참고 견뎠을 뿐이라는 것이다.)

그녀는 이 책에는 끝맺음 자체가 존재하지 않는다고 말했다. 이 책은 100퍼센트 시작에 관한 것이기 때문이다. 물론 그녀가 옳다.

그렇다고 해서 다이너마이트와 같은 강력한 끝맺음이 여기에 모습을 드러내지 않을 것이라는 뜻은 아니다. 그런 멋진 끝맺음은 다른 페이지들 속에, 표지를 넘겨서 나온 내용 속에, 실제로 혁명이 일어날 그곳에 있다.

다이너마이트와 같은 강력한 끝맺음을 써야 할 사람은 바로 당신이다.

참고 문헌

Anderson(Ray C.), *Mid-Course Correction : Toward a Sustainable Enterprise : The Interface Model*, Peregrinzilla Press, Atlanta, 1998.

Associated Press, "Brother in Custody For Alabama Death", June 19, 1998.

_____, "Child Charged with Attempted Murder", February 21, 1998.

_____, "Recent U. S. School Shootings", May 21, 1998.

_____, "Homeless Given New Carts in L. A.", July 15, 1998.

_____, "Berkeley Cracks Down on Homeless", November 26, 1998.

Attali(Jacques), *Millennium : Winners and Losers in the Coming World Order*, Random House, New York, 1991.

Baltrusch(Libby S.), *The New Age Community Guidebook : Alternative Choices in Lifestyles*, 4th Ed, Harbin Springs, Middletown Calif, 1989.

Bass(Dina), "Poll Finds Sharp Rise in Drug Use Among Youngsters", *Los Angeles Times*, August 14, 1997.

Briggs(John) and Peat(David F.), *Seven Life Lessons of Chaos : Spiritual Wisdom from the Science of Change*, HarperCollins, New York,

1999.

Brokaw(Chet), "South Dakota Suicides Worry Officials", Associated Press, March 14, 1998.

Cooper(Diana Starr), Night After Night, Island Press, Washington D. C., 1994.

Côté(James E.) and Allahar(Anton L.), *Generation on hold : Coming of Age in the Late Twentieth Century*, New York University Press, New York, 1996.

Culhane(John), *The American Circus : An Illustrated History*, Henry Holt, New York, 1990.

Dawkins(Richard), *The Selfish Gene*, Oxford University Press, Oxford, 1989.

Eppinger(Paul) and Eppinger(Charles), *Restless Minds, Quiet Thoughts : A Personal Journal*, White Cloud Press, Ashland, Or, 1994.

Feldman(S. Shirley), Elliot(Glen R.) eds, *At the Threshold : The Developing Adolescent*, Harvard University Press, Cambridge, 1990.

Fernandez(James W.) ed, *Beyond Metaphor : The Theory of Tropes in Anthropology*, Stanford University Press, Stanford, 1991.

Gibbs(Nancy), "The Littleton Massacre", *Time*, May 5, 1999.

Gmelch(Sharon Bohn), "Groups That Don't Want In : Gypsies and Other Artisan, Trader, and Entertainer Minorities", *Annual Review of Anthropology* 15(1986) : 307~330.

Gorbachev(Mikhail), *The Search for a New Beginning : Developing a New Civilization*, Harper San Francisco, San Francisco, 1995.

Gore(Al), *Earth in the Balance : Ecology and the Human Spirit*,

Houghton Mifflin, New York, 1992.

Greenberg(Josh), "Teen Drug Use Has Doubled in 4 Years, U. S. Says", *Los Angeles Times*, August 21, 1996.

Grossman(Ron), "The Smallest Show on Earth : Tiny Troupe Surviving in the Hamlets", *Chicago Tribune*, July 10, 1986.

Irvine(Martha), "Chicago's Homeless Face 'Eviction' ", The Associated Press, January 29, 1999.

Killion(Thomas W.) ed, *Gardens of Prehistory : The Archaeology of Settlement Agriculture in Greater Mesoamerica*, The University of Alabama Press, Tuscaloosa, 1992.

Kim(Eun-Kyung), "Survey Shows Teen Drug Use Rose", Associated Press, August 21, 1998.

Knutson(Lawrence L.), "Report Cites Harassment of Homeless", Associated Press, January 6, 1999.

Kritzer(Jamie), "Teens at Risk : Survey Results Indicate That Young People Are Using Illegal Drugs in Greater Numbers Than Before", *Montgomery Advertiser*, September 22, 1996.

Lee(Richard B.), DeVore(Irven) eds, *Man the Hunter*, Aldine Publishing Company, Chicago, 1968.

Lloyd(Leslie), "Six Plead Guilty to Killing Family", Associated Press, February 21, 1998.

Loviglio(Joann), "Philadelphia Sidewalk Law Protested", Associated Press, January 18, 1999.

Lundy(Katherine Coleman), *Sidewalks Talk : A Naturalistic Study of Street Kids*, Garland, New York, 1995.

Marcuse(P.), "Neutralizing Homelessness", *Socialist Review* 18(1988), 69~96.

Myers(Patricia), "The Circus Is His Life : Aerialist Is 6th Generation Performer", *Arizona Republic/Phoenix Gazette*, December 27, 1996.

Nissen(Hans J.), *The Early History of the Ancient Near East, 9000~2000 B. C.*, University of Chicago Press, Chicago, 1988.

Parish(Steven M.), *Hierarchy and Its Discontents : Culture and the Politics of Consciousness in Caste Society*, University of Pennsylvania Press, Philadelphia, 1996.

Price(Jenny), "At Least 4 Dead in School Shooting", Associated Press, March 14, 1998.

Reavis(Dick J.), *The Ashes of Waco : An Investigation*, Syracuse University Press, Syracuse, 1995.

Ribeiro(Darcy), *The Civilizational Process*, Smithsonian Institution Press, Washington D. C., 1968.

Rivera(Barbara), "Circus Life a Family Affair", *Tulsa World*, April 22, 1998.

Sabloff(Jeremy A.), "Maya", *Encyclopedia Americana—International Edition*, Grolier, Danbury, conn, 1992.

Shiner(Michael) and Newburn(Tim), "Definitely, Maybe Not? The Normalization of Recreational Drug Use Amongst Young People", *Journal of the British Sociological Association* 31, 3(August 1997) : 511~529.

Suro(Roberto), " Other Drugs Supplanting Cocaine Use : Methaphetamine, Heroin on the Rise, White House Reports", *Washington*

Post, June 25, 1997.

Times Books, *Past Worlds : The Times Atlas of Archaeology*, Maplewood, N. J., Hammond, 1988.

Toth(Jennifer), *The Mole People : Life in Tunnels Beneath New York city*, Chicago Review Press, Chicago, 1993.

Wagner(David), *Checkerboard Square : Culture and Resistance in a Homeless Community*, Westview Press, Boulder, 1993.

Worden(Amy), "Amish Arrested in Gang Drug Bust", Associated Press, June 23, 1998.

Wright(Talmadge), *Out of Place : Homeless Mobilizations, Subcities, and Contested Landscapes, State University of New York Press*, Albany, 1997.

Zuckoff(Mitchell), "Under the Little Top : Welcome to the Big Apple Circus, Where a Community of Performers Juggles Life's Ups and Downs in a Single Magical Ring", *Boston Globe*, July 5, 1992.

인류 문명文明의 난파선에서 보내는 마지막 편지
무모한 도전 거대한 파국

초판 1쇄 인쇄 2009년 6월 10일
초판 1쇄 발행 2009년 6월 15일

지은이 다니엘 퀸 Daniel Quinn
옮긴이 전미영
기획   이근영, 이재황, 전미영

펴낸이 김환기
펴낸곳 도서출판 AK

주소   서울시 마포구 마포동 324-3 경인빌딩 3층
전화   02-3143-7995
팩스   02-3143-7996
등록   제 395-2009-000037호
이메일 book@booksorie.com

ISBN   978-89-962449-1-2 03300